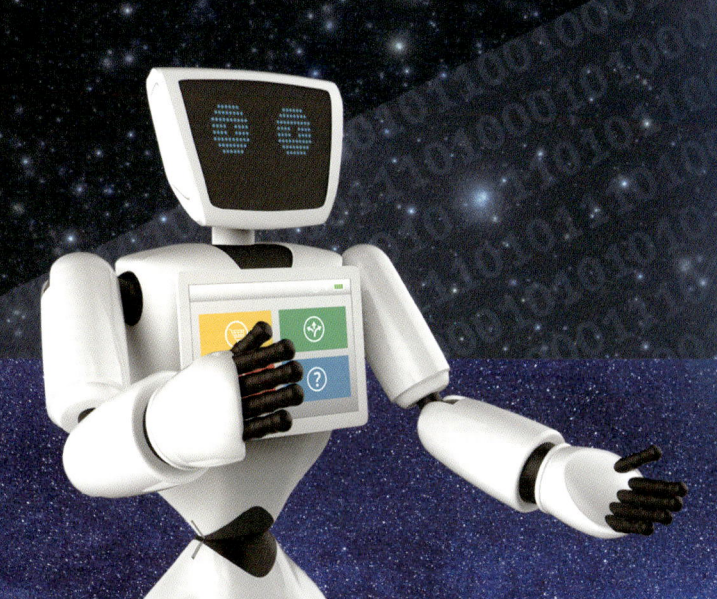

명주 어린이 미래 시리즈

AI는 나의 힘
인공지능

글 임충열 | 그림 김옥희

도서출판 명주

초판 1쇄 인쇄 | 2022년 6월 15일
초판 1쇄 발행 | 2022년 6월 20일

기획 | 장이지(브랜딩포유)
글 | 임충열
그림 | 김옥희
펴낸이 | 김영대
펴낸곳 | 도서출판 명주
출판등록 | 2011년 7월 20일(제 301-2013-083)
주소 | 서울특별시 강동구 천중로42길 45 2층
전화 | 02-485-1988
팩스 | 02-485-1488
ISBN 978-89-6985-018-8

ⓒ 임충열, 김옥희, 2022
정가 13,000원

* 10세 이상 어린이들을 위한 책입니다.
* 잘못된 책은 바꾸어 드립니다.

머리 말

미래는 나의 꿈들이 모여 만들어져요

　주위를 한번 둘러보세요. 디지털 기기 중에 무엇이 보이나요? 선생님 주위에는 컴퓨터, 태블릿, 스마트폰 등이 있어요.

　그런데 이런 것들은 과거엔 누군가의 꿈이었겠죠. 수많은 꿈들이 모이고 모여서 지금 우리의 현실이 만들어진 것이랍니다.

　한번 생각해 볼까요? 지금으로부터 약 30년 전인 1980년대에는 '삐삐'라는 무선 호출기를 사용했어요. 지금 사용하는 스마트폰의 수신벨은 너무나도 다양하죠. 내가 만들어서 사용하기도 하잖아요. 하지만 무선 호출기의 수신벨은 오직 하나였어요. 단순하게 '삐삐~ 삐삐~' 이렇게 울리는 기계음이었죠. 그래서 삐삐라고 불렸답니다.

　참! 엄마 아빠에게 한번 물어보세요. 삐삐에 대한 추억담들이 다들 있을 거예요. 요즘이야 시장에 가신 엄마에게

급하게 허락을 받아야 할 일이 생기면 스마트폰으로 연락을 해서 바로 엄마와 통화할 수 있죠. 그러나 삐삐를 쓰던 시절에는 이렇게 바로 연락할 수 없었답니다. 그리고 지금은 글을 문자나 카톡으로 한 번에 보낼 수 있죠. 그러나 무선 호출기인 삐삐는 오직 숫자만 입력할 수 있었어요.

삐삐를 사용하던 시절에는 시장에 가신 엄마에게 급하게 연락할 일이 생기면 먼저 엄마의 호출기에 내가 있는 곳의 전화번호를 전송해요. 그럼 엄마가 그 호출 번호를 보고 나에게 전화를 하죠. 무선 전화기가 없는데 어떻게 전화를 할까요? 여러분 혹시 공중전화를 알고 있나요? 엄마는 전화를 하기 위해 공중전화가 있는 곳으로 가야만 했답니다. 지금도 그렇지만 엄마가 바쁘시면 전화벨 소리를 못 들으실 때가 있죠. 그러면 조금 후에 다시 걸면 통화할 수 있잖아요. 30년 전에는 그럴 수 없었어요. 또 삐삐로 호출을 해도 엄마가 전화를 할 때까지는 연락할 방법이 없었죠.

지금에 비하면 참 많이 불편했겠죠? 그 시절에 누군가가 지금의 스마트폰처럼 들고 다니면서 전화를 할 수 있고, 어디서나 동영상을 보고 인터넷을 할 수 있는 기계에 대해 이야기한다면 사람들은 과연 뭐라고 했을까요?

아이폰 보급으로 오늘날의 모바일 시대를 만든 스티브 잡스

사람들은 허풍 떨지 말라고 했을 거예요.

　하지만 누군가는 가지고 다니면서 전화를 할 수 있고, 어디서나 동영상을 보고 인터넷을 할 수 있는 기계가 있다면 참 좋을 거라는 꿈을 꿨어요. 그 꿈이 실현되었기에 우리는 지금 스마트폰이라는 장비를 편리하게 사용할 수 있는 거예요. 우리의 미래도 마찬가지예요. 여러분들이 어떤 미래를 꿈꾸는지에 따라 미래가 바뀔 수 있답니다. 한번 여러분의 꿈과 손으로 미래를 만들어 보면 어떨까요?

　여기서 한 가지 더 해줄 말이 있어요. 여러분이 꿈을 만드는 것은 아주 중요해요. 그리고 그 꿈을 지켜나가는 것도 무척 중요하답니다. 가끔씩 선생님이 아이들과 꿈 이야기를 하면 이렇게 말하는 친구들이 있어요

"나는 머리가 나빠서~."

"나는 공부를 못해서~."

"나는 소질과 재능이 없어서~."

"그래서 내 꿈을 이룰 수가 없어."

자, 그럼 반대로 생각해 볼까요.

어떤 친구가 꿈 이야기를 했는데, 선생님이 "너는 머리가 나빠서", "너는 공부를 못해서", "너는 소질과 재능이 없어서", "그래서 너의 꿈을 이룰 수 없단다."라고 한다면 여러분은 매우 속상할 거예요.

마찬가지예요. 스스로 자신의 꿈을 이룰 수 없다고 생각하지 마세요. 선생님은 이 책을 통해서 여러분들이 미래를 바꿀 꿈을 꾸고, 그 꿈을 이루기 위해 어떻게 할 수 있는지 생각해 볼 거예요!

미래를 바꿀 여러분의 그 꿈과 그 꿈을 이루기 위해 노력하는 여러분을 열렬히 응원하며, 미래를 바꿀 꿈의 성취를 미리 축하드립니다.

노력이 있는 꿈, 노력이 없는 꿈

선생님에게는 골목대장이라는 별명을 가진 예쁜 딸이 있어요. 미래에 세계를 여행하는 크리에이터가 되는 게 꿈이랍니다. 지금 그 꿈을 위해 골

목대장은 계속해서 노력하고 있어요. 세계를 여행하기 위해서 제일 먼저 필요한 것이 무엇일까요?

낯선 지역에 가서 그곳에 적응하기 위해서는 언어가 중요하겠죠. 지금 세계 공용어인 영어를 배우고 있어요. 중국어와 스페인어도 배우려고 한답니다. 그리고 지금 그런 노력을 유튜브와 블로그에 기록하고 있죠.

'가랑비에 옷 젖는 줄 모른다.'라는 속담이 있어요. 아무리 사소한 것이라도 그것이 거듭되면 무시하지 못할 정도로 크게 된다는 뜻이죠. 여러분이 가진 그 꿈을 위해서 오늘 하는 일이 작다고 생각할 수 있어요. 하지만 조급해 하지 마세요. 중요한 것은 매일매일 하는 꾸준함이에요. 너무 크고 거창하면 매일매일 꾸준히 하기가 어렵잖아요.

내가 꾸준히 할 수 있는 것이 무엇인지 인터넷에서 검색도 해보고, 엄마, 아빠, 선생님에게 여쭤보세요. 여러분의 미래의 꿈을 응원할게요.

2022년 5월

예쁜 골목대장 임서린 아빠
임충열 드림

차 례

머리말 _ 미래는 나의 꿈들이 모여 만들어져요_ 3

인공지능 Vs 인간지능

인간과 인공지능의 대결_ 12

단 한 번도 경험하지 못한 시대가 오고 있다_ 18

10년 뒤, 인공지능과 진짜 경쟁하는 시대가 온다_ 26

인간의 지능을 능가하는 인공지능

인공지능 하면 가장 먼저 떠오르는 것_ 40

인공지능에도 약자와 강자가 있다_ 58

세계 여러 나라의 인공지능
미국의 인공지능_ 66
아시아의 인공지능_ 72
유럽의 인공지능_ 78

인공지능과 함께 살아가기 위하여
AI가 할 수 없는 일도 있대요_ 84
인공지능은 사람하기 나름_ 88
인공지능과 함께 살아가기_ 91

엄마, 아빠, 보세요!_ 95

1

인공지능 Vs 인간지능

인간과 인공지능의 대결_ 12

단 한 번도 경험하지 못한 시대가 오고 있다_ 18

10년 뒤, 인공지능과 진짜 경쟁하는 시대가 온다_ 26

인간과 인공지능의 대결

"아빠, 빨리 오세요. 시작하려고 해요."

안녕하세요. 여러분. 선생님은 지금 딸과 함께 미국 구글 본사에 있는 〈스타크래프트 2〉 인공지능(AI)인 '알파스타'와 프로 게이머가 대결하는 곳에 왔어요.

'알파스타'가 누구냐고요?

여러분 혹시 알고 계세요. 2016년 인공지능 알파고와 사람인 이세돌 9단이 바둑 대결을 했어요. 세기의 대결이라 불릴 정도로 전 세계가 열광했었

바둑 명인 이세돌 9단과 인공지능 알파고의 바둑 대결

죠. 그 대결에서 알파고가 사람을 이겼습니다. 기계가 사람을 이긴 거죠. 이 알파고의 동생이 바로 '알파스타'에요. 이젠 '알파고'의 동생인 '알파스타'가 전략 게임인 〈스타크래프트 2〉에서 프로 게이머들과 대결한다고 해요. 미국에는 '알파고'와 '알파스타'를 만든 구글 본사부터 페이스북*(메타 플랫폼 주식회사)*, 애플사 등 글로벌 인공지능 회사들이 있어요. 그래서 우리는 이 대결을 보기 위해 여기까지 왔어요.

경기에 앞서 구글 딥마인드 관계자들의 인터뷰가 끝나고, 사회자가 대결을 시작한다고 하자 다들 전방에 있는 대형 모니터를 주시합니다. 제 딸인 골목대장도 잔뜩 긴장하면서 이렇게 말합니다.

"아빠, 이번에도 인공지능이 이길까요?"

"글쎄! 잘 모르겠는데."

"지난 바둑 대결에서는 인공지능이 이겼잖아요. 그리고 시간이 많이 지났으니 그만큼 기술이 발전되지 않았을까요?"

"그렇지. 바둑 대결 이후 3년이라는 시간이 지났고, 그 시간 동안 '알파스타'는 일주일 동안 사람의 시간으로는 200년 동안 학습할 수 있는 학습량을 학습했다고 기사에서 봤어. 그러면 어마어마한 정보를 축적했을 텐데…. 하지만 기사를 보니 몇 수만 미리 내다보면 되는 바둑과 〈스타크래프트 2〉라는 게임은 차원이 다른 전략 게임이라고 하네. 그래서 난 잘 모르겠다."

"아빠, 이제 유닛이 움직여요."

"그래 누가 이기나 한번 보자."

게임이 시작된 지 약 4분이 지나자 '알파스타'가 먼저 공격을 시작해요. '알파스타'는 한 곳에 집중해 파괴력을 극대화시키는 전략을 사용한다고 해설자가 설명하네요. 프로 게이머가 '알파스타'에 밀리고 있다고 합니다. 딸은 게임 규칙을 잘 몰라서 혼란스러운가 봅니다.

솔직히 저도 이 게임을 해본 적이 없고, 게임에 대해서는 책으로만 읽어 봐서 감이 오지 않네요.

알파스타와 인간의 〈스타크래프트 2〉 게임 대결을 지켜보는 관중들

"아빠, 지금 어떻게 된 거예요?"

"글쎄다. 나도 책으로 잠깐 룰을 읽어 본 거라 잘 모르겠어. 해설자의 말을 잘 들어보자."

"네."

화면의 시계로 6분이 지나자 프로게이머는 버티지 못하고 'GG*(good game : 기권)*'를 선언했습니다. 이렇게 해서 또 한 번의 인공지능과 사람의 대결에서 인공지능이 이겼네요. 이렇게 해서 3전 전승으로 인공지능이 승리했습니다.

1997년 IBM이라는 회사에서 만든 인공지능 딥 블루*(Deep Blue)*와 세계 체스 챔피언 게리 카스파로프와의 체스 게임에서 딥 블루가 이겼어요. 이후 두 번째 대결은 2016년에 구글 자회사 딥마인드에서 제작한 인공지능 '알파고'와 바둑기사 이세돌 9단과의 승부였는데, 인공지능 알파고가 승리함으로써 인간 대 인공지능의 전적은 인공지능이 2전 2승이 되었고, 2019년 '알파스타'와 프로 게이머들의 〈스타크래프트 2〉 대결에서 '알파스타'의 승리로 인공지능이 3전 3승으로 전승을 하게 되었습니다.

게리 카스파로프와 인공지능 딥 블루의 체스 경기

게리 카스파로프와 딥 블루

게리 카스파로프는 러시아의 프로 체스 선수로, 1985년부터 2000년까지 16년간이나 체스 세계 챔피언 자리를 놓치지 않았던 체스계의 거장이다.

컴퓨터 개발 업체 IBM에서는 카스파로프가 세계 챔피언에 등극할 즈음 세계 챔피언을 이길 수 있는 체스 인공지능을 만들겠다는 목표로 연구를 시작했다.

IBM에서는 1989년 딥 소트(Deep Thought)라는 모델을 내놓고 카스파로프에게 도전했지만 한 번도 이기지 못했다. 딥 소트라는 명칭은 소설《은하수를 여행하는 히치하이커를 위한 안내서》에 나오는 거대 컴퓨터의 이름을 따서 지은 것이다. 1996년에는 딥 소트를 개량한 모델인 딥 블루(Deep Blue)로 카스파로프에게 다시 도전하였고, 6경기 중 첫 경기에서 승리하였지만 1승 5패로 카스파로프에게 패배하였다.

1997년에는 딥 블루와 카스파로프의 2차전이 열렸고, 딥 블루는 카스파로프를 상대로 6경기를 치뤄 2승 3무 1패로 승리함으로써 공식 경기에서 세계 챔피언을 이긴 최초의 인공지능이 되었다.

단 한 번도 경험하지 못한 시대가 오고 있다

인공지능이 이긴 것이 많이 서글펐나 봐요. 딸이 기운이 없네요.

"아빠, 이번에도 사람이 졌어요. 그럼 앞으로 시간이 더 지나면, 영화에서처럼 인공지능이 사람을 지배하는 세상이 올까요?"

"글쎄, 나도 잘 모르겠다. 하지만 인공지능이 점점 더 많은 정보를 쌓아가고 분야를 넓혀가면 우리가 상상하지 못했던 일들이 생기겠지."

"우리가 상상하지 못한 일들이요? 어떤 일들이예요?"

"한 가지 예를 들어 볼게. 미국에 골드만삭스라는 투자 은행이 있는데,

이 투자 은행이 인공지능 시스템인 '워런*(Warren)*'을 개발했대. 이 인공지능이 얼마나 일을 잘하냐면, 이 투자 은행에서 일하는 연구원 15명이 4주 동안 할 일을 5분 만에 끝냈다고 하더라. 이 인공지능은 사람처럼 잡담을 하지도 않았고, 임금 인상을 요구하지도 않았고, 또 쉬거나 화장실도 가지 않고 24시간 업무를 처리할 수 있단다. 만약 네가 회사의 경영자라면 인공지능하고 사람하고 누굴 더 많이 고용할래?"

"제가 경영자라면 당연히 회사에 더 많은 이익을 주는 인공지능을 더 고용할 거예요."

"그래? 골목대장 그건 무엇을 의미할까?"

"네, 무슨 말이에요?"

"그건 사람이 일하던 자리를 인공지능으로 대체하는 거니까 그만큼 사람들이 직장을 잃게 되겠지. 그렇게 해서 아빠가 직장을 잃게 되면 어떨까?"

"그건 안 되죠. 그럼 우린 수입이 없어서 저는 학원도 못가고 밥도 못 먹는 상황이 되잖아요."

"그래. 이것은 골드만삭스뿐 아니라 아마존에서도 그랬지."

"그럼 앞으로 사람의 일자리를 인공지능에 빼앗기는 거니깐 안 좋은 일이네요."

"꼭 그렇지만은 않단다. 혹시 제1차 산업혁명에 대해 들어 봤니?"

"네, 사회 시간에 배웠어요."

"그래, 제1차 산업혁명은 증기기관을 대표로 하는 기계의 혁명이라고

제1차 산업혁명과 대량 생산의 시작

제1차 산업혁명 이후 손으로 하던 일을 기계를 활용함으로써 대량 생산이 가능하게 되었다.

말할 수 있지. 지금의 인공지능 혁명과 무척 비슷한 면이 있지. 그때 영국 사람들은 자신의 일자리를 기계에 빼앗기자 불안한 마음으로 러다이트 운동(Luddite Movement)이라는 공장의 기계를 파괴하는 행동을 했지. 기계를 없애면 자신들은 일자리를 잃지 않고 계속 일할 수 있을 거라는 생각으로 말이야."

"지금 인공지능 시대와 비슷하네요."

"그래. 그러나 시간이 지나자 사람들의 생각과는 다른 일들이 생겼단다."

"무슨 일이요?"

"제1차 산업혁명은 경제와 정치에 많은 변화를 주었어. 제1차 산업혁명 이전만 하더라도 대부분이 농사를 지었는데, 농사를 지을 수 있는 농토들은 왕족과 귀족들의 소유였어. 그래서 대부분의 사람들은 왕족이나 귀족들에게 땅을 빌려서 농사를 지었고, 농사를 지은 소출의 많은 부분을 세금으로 냈지. 그렇다면 누구의 힘이 막강했을까?"

"왕족과 귀족들이겠죠."

"그래. 실제로 이들은 자신의 막강한 힘으로 많은 세금을 거두어도 사람들은 아무 말도 못했단다. 이제 제1차 산업혁명으로 기계들이 등장하면서

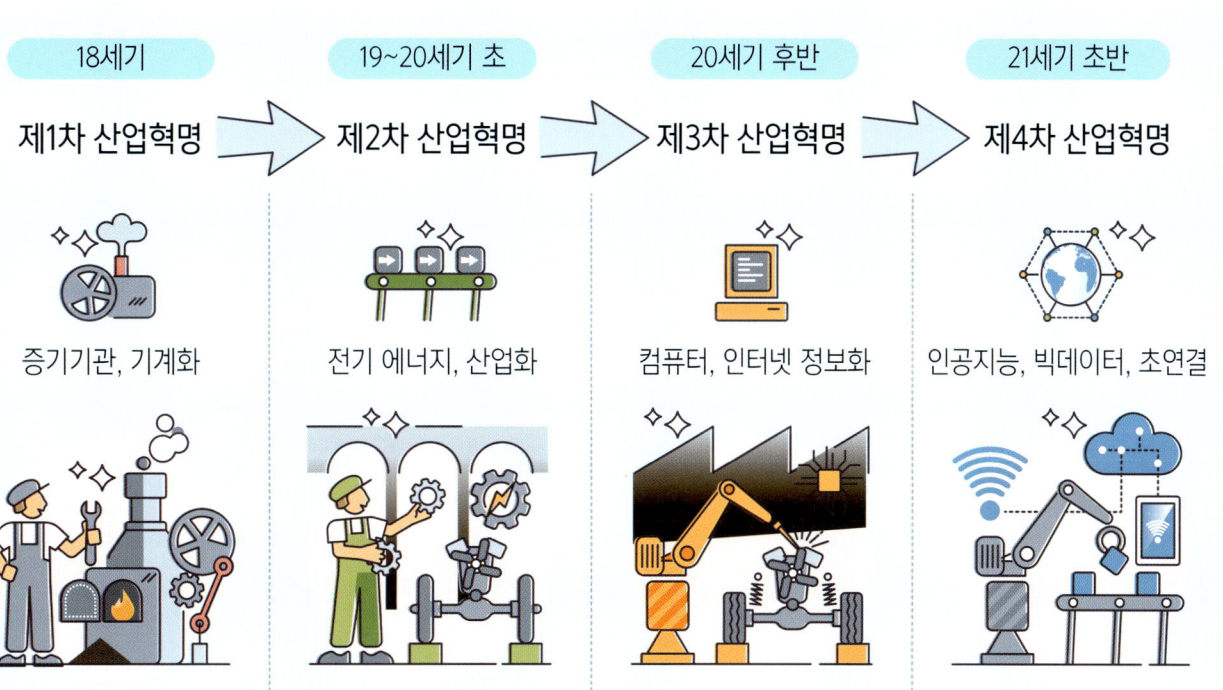

산업혁명의 시기와 특징

농사를 짓던 사람들이 공장에 가서 일하게 됐지. 이렇게 되니깐 공장주들이 기계의 힘과 수많은 사람들의 노동력을 이용해서 물건들을 대량으로 생산하면서 막대한 부를 축적하게 되었어. 이렇게 많은 돈을 가진 공장주들이 왕과 귀족들에게 고분고분했을까?"

"돈이 곧 힘이었을 텐데, 그렇지 않았겠죠."

"그렇지. 이렇게 막대한 부를 가진 공장주들이 생기면서 자연스럽게 사회의 지배층이 왕족이나 귀족들에서 돈을 많이 번 공장주들로 바뀌게 되었지. 이들을 '대자본가' 또는 새롭게 생겨났다고 해서 '신흥 부르주아'라고 불러. 이들이 사회를 지배하게 되면서 기존 왕족이나 귀족들에게 대항하여 투표할 수 있는 권리를 달라고 요구하게 된 거야. 우리나라에서도 과거 조선이나 고려 시대 때 왕이 자신의 자녀에게 왕권을 물려주었던 것처럼 유럽의 왕족이나 귀족들도 자신의 자녀들에게 자신의 모든 권한을 물려주었단다. 이렇게 '신흥 부르주아'들이 선거법 개정을 달성하자, 영국에서는 공장에서 일하는 노동자들도 선거권을 요구하는 '차티스트 운동*(Chartist Movement)*'을 벌여서 선거권을 가져오게 되어서, 지금의 자유주의적인 경제 체제로 가게 되었지. 이렇게 제1차 산업혁명 이후 그전에는 상상도 할 수 없던 새로운 세상이 되었단다."

"그럼 인공지능의 발달로 새로운 세상이 만들어지겠네요."

"그래. 다들 직업이 없어진다고들 하는데, 아빠는 직업이 없어지는 것이 아니라 우리가 생각하지 못한 새로운 직업으로 이동하는 거라고 생각해.

부르주아

부르주아*(프랑스어: bourgeois)*는 원래 프랑스어로 '성*(城)*'을 뜻하는 'bourg'에서 유래된 말로, 성 안에 사는 사람이라는 뜻이다. 고대 프랑스에서는 부를 축적한 사람들은 안전하고 윤택한 성 안에서 살고, 그렇지 못한 사람들은 위험하고 척박한 성 바깥에서 살았기 때문에 생긴 명칭이다. 나중에 독일의 경제학자 마르크스가 부르주아를 자본가 집단을 지칭하는 용어로 사용한 이래 유산시민*(有産市民)*, 즉 자본가 집단을 뜻하는 말로 쓰이게 되었다. 그 이유는 그 재산이 전통적인 봉토나 세습적인 신분에 의해 만들어진 것이 아니라, 자본주의 시장에서의 산업 활동에 의한 것이기 때문이었다.

농부가 공장에서 일하게 되는 것처럼 말이지. 이런 직업의 이동이라는 새로운 시대를 앞두고 있지. 자! 골목대장, 그럼 우린 어떻게 해야 할까?"

"새로운 일자리를 준비해야겠네요."

"그래. 솔직히 앞으로 어떤 직업이 생길지, 세상은 어떻게 변할지 정확하게 예측하는 건 매우 힘든 것도 사실이지. 인공지능의 발전 속도가 너무 빨라서 말이야."

"그러면 어떻게 해야 하죠."

"좋은 질문이야. 한번 생각해 보자. 제1차 산업혁명으로 사회가 변했어. 기계는 사람의 일자리를 빼앗아갔지. 만약 그때 골목대장이 직업을 빼앗긴 사람이라고 가정해 보자. 어떻게 할래?"

"새로운 직업을 찾아야죠."

"어떤 직업이 있었을까?"

"기계들은 사용하다 보면 고장날 수 있으니까 기계를 고치는 사람이 되면 되겠지요."

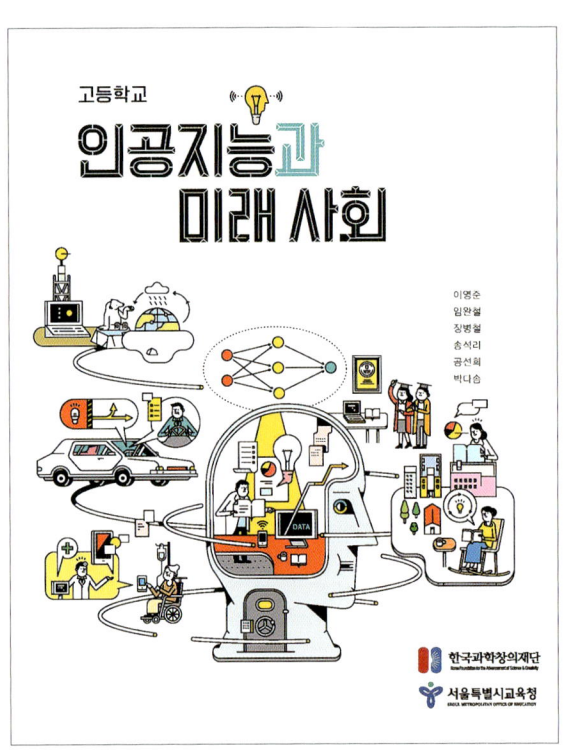

"그렇지. 또 기계의 힘으로 물건이 대량 생산되니깐 이것을 운반하는 일 또는 새로운 곳에 가서 판매하는 일 등 다양한 직업군이 생긴 거야. 우리는 이처럼 과거를 뒤돌아볼 수 있기 때문에 쉽게 답을 내놓을 수 있잖아. 솔직히 그 당시였다면 이런 직업군들이 생긴다는 생각을 누가 할 수 있었을까?"

"준비된 사람만이 할 수 있었

겠지요."

"그래. 아빠가 책도 많이 읽고 뉴스도 보라는 이유가 그거야. 그렇게 해서 미래의 사회가 어떻게 변해갈지 예측할 수 있다면 미래의 변화에 충분히 대비할 수 있게 되겠지. 그러기 위해서 지금부터 다양한 지식과 상식을 풍부하게 공부해 놓는다면 큰 도움이 되지 않을까? 학교 공부도 잘하면 도움이 되겠지."

"아니, 학교에서 배우는 교과서가 도움이 된다고요?"

"국가에는 교육 정책이라는 것이 있단다. 앞으로 어떤 세상이 도래할지 미리 예측하고 전문가들의 도움을 얻어서 미래를 준비하는 데 도움이 되는 내용들을 교과서와 교육 과정에 미리 포함시키는 거야. 그래서 학교 공부도 열심히 해야 하는 거지. 당장 공부하기 싫은데 새로운 기술이 나왔다고 그 공부가 갑자기 좋아질리는 없잖아."

"학교 공부 열심히 하도록 노력할게요."

"그래. 그렇게 하면 미래가 확확 바뀌어도 기죽지 않고 당당하게 살아갈 수 있겠지."

"새로운 세상에서도 계속해서 성장할 수 있다는 말씀이죠?"

"하하하! 역시 우리 골목대장은 천재야."

10년 뒤, 인공지능과 진짜 경쟁하는 시대가 온다

이렇게 이야기를 하는 중에 한 통의 전화가 걸려왔습니다.

"선생님, 어디세요?"

한국에서 오랫동안 함께 공부한 제자인 민재의 전화군요. 그는 지금 구글 본사에서 엔지니어로 일하고 있어요. 미국으로 출발하기 전에 미리 연락을 해서인지 경기 끝나는 시간에 맞추어서 이렇게 전화를 주었네요.

"응, 지금 경기 끝나서 막 나가려고."

"그럼, 선생님. 바쁘시지 않으시면, 차라도 한 잔 하시죠."

"넌 바쁘지 않니?"

"네, 괜찮아요."

"그래, 그러면 오랜만에 얼굴이라도 보자. 그러면 어디서 볼까?"

"회사 구경도 시켜드릴 겸, 회사 안에서 보시죠."

"그럼 나도 좋지."

"참, 골목대장도 함께 왔죠?"

"응."

"제가 미리 방문자 명단에 이름 올려놓았어요."

"안내 데스크에 가셔서 성함 확인하시고 출입증 받고 들어오세요. 그럼 제가 나가 있을 게요."

"그래 알았어. 지금 바로 안내 데스크로 갈게."

"네, 이따가 뵙겠습니다."

전화를 마치고 우리는 발걸음을 돌려 구글 본사 정문쪽으로 다시 걸어 갔어요.

"아빠, 지금 어디 가요?"

"너, 민재 오빠 알지?"

"네, 아빠와 함께 공부하던 민재 오빠 말이죠?"

"응, 민재가 구글 본사에 근무하고 있거든. 지금 보기로 했는데, 여기 구글 본사 구경시켜 준대."

"정말요? 와! 신난다."

구글 본사를 구경시켜 준다는 말에 신이 나는지 골목대장은 이곳저곳을 기웃거립니다.

"아빠, 빨리 와요."
"알았어!"

미국 캘리포니아 주 마운틴뷰(Mountain View)에 있는 구글 본사는 인터넷, IT 업종에서 일하는 사람들에게는 성지와도 같은 곳이랍니다.

"참, 아빠! 구글이라는 이름의 뜻이 뭐예요?"
"응, 학교에서 숫자 세기 배웠지?"
"당연하죠."
"어디까지 셀 수 있니?"
"'일', '십', '백', '천', '만', '십만', '백만', '천만', '억', '십억', '백억', '천억', '조'까지요."
"그래 그러면 조 다음에는?"
"'십조', '백조', '천조'요."
"그럼 그 다음에는?"

"글쎄요. 학교에서 천조까지만 배웠어요."

"그 다음에는 '경'이지. 10의 16제곱으로 1 다음에 0이 16개 붙어. 그래서 '십경', '백경', '천경', 그리고 그 다음에는 '해'야. 10의 20제곱으로 1 다음에 0이 20개 붙지. 그 다음에는 '불가사의'*(10의 64제곱)*, '무량대수'*(10의 68제곱)*, '겁'*(10의 72제곱)*으로 커진단다. 그런데 여기서 '불가사의', '무량대수', '겁' 같은 말은 모두 불교 용어야. 실제로 사람이 한평생 만날 수 없는 수이기 때문이지."

우리말과 영어로 큰 수 세는 법

우리말	영어	숫자	우리말	영어	숫자
천	One Thousand	10^3	정	Ten Duodecillion	10^{40}
만	Ten Thousand	10^4	재	One Hundred Tredecillion	10^{44}
억	One Hundred Million	10^8	극	One Quindecillion	10^{48}
조	One Trillion	10^{12}	항하사	Ten Sexdecillion	10^{52}
경	Ten Quadrillion	10^{16}	아승기	One Hundred Septen-decillion	10^{56}
해	One Hundred Quintillion	10^{20}	나유타	One Novemdecillion	10^{60}
서(자)	Septillion	10^{24}	불가사의	Ten Vigintillion	10^{64}
양	Ten Octillion	10^{28}	구골	Googol	10^{100}
구	One Hundred Nonillion	10^{32}	센틸리온	Centillion	10^{303}
간	One Undecillion	10^{36}	구골플렉스	Googolplex	$10^{10,000}$

"얼마나 큰 수인데요?."

"불교에서는 '겁'을 '하늘과 땅이 한 번 개벽한 다음, 다음 개벽이 이루어질 때까지의 시간'이라고 하지. 아빠와 같은 일반인들은 그 개벽의 시간이 얼마나 되는지 감이 안 오지. 그래서 다른 표현을 쓰는데 '가로, 세로, 높이가 각각 15km, 다시 말해서 부피가 3,375km^{3}인 공간에 직경이 1mm인 '겨자씨'를 채우고 100년에 한 알씩 꺼낼 때 그 겨자씨가 없어지는 시간이라고도 한단다. 실로 엄청난 시간이지."

구글은 숫자 구골에서 따왔는데, 10의 100 제곱을 의미하지. 그리고 구글 본사의 이름을 따온 구골플렉스는 10의 10,000 제곱을 뜻해.

"아! 그런데 솔직히 잘 모르겠어요."

"나도 그래. 그냥 엄청난 시간이라고만 생각하면 돼. 솔직히 한 평생보다 긴 시간이라 우리의 상상을 초월하는 수야. 어쨌든 '겁'은 10의 72제곱으로 표현한단다. 1을 쓰고 이어 '0'이 72개 나오는 거지."

"아빠! 그런데 구글이랑 겁이랑 무슨 관계가 있어요?"

"깊은 관계가 있지. 구글은 숫자 구골(googol)에서 따왔는데, 구골은 수를 세는 단위란다. 결론부터 말하면 '구골'은 10의 100제곱, 겁보다도 더 큰 숫자야. 구글 본사의 이름을 따온 '구골플렉스(Googolplex)'는 10의 10,000제곱을 말한다고 해. 구글의 목표가 '전 세계 정보를 체계화하여 모두가 편리하게 이용할 수 있도록 하는 것'이라고 해서 그렇게 회사 이름을 지었다고 해. 이야기하는 동안에 벌써 도착했네. 저기 가서 출입증 받자."

"선생님."
"민재야!"
"골목대장도 왔네. 그동안 많이 컸는 걸. 자! 들어가시죠."

우린 출입구를 지나 조금 걸어서 햇빛이 비추는 의자에 앉았어요.

"참! 오늘 경기 보러 오셨다구요. 잘 보셨어요?"
"응, 인공지능의 발전이 놀라울 따름이야."

"네, 정말 눈부시게 발전했죠. 앞으로도 더 크게 발전할 거예요."

"오빠는 어떻게 생각해? 과연 사람하고 인공지능하고 경쟁하는 시대가 올까?"

"당연하지! 지금도 경쟁하는데."

"어디서요?"

"인공지능은 정말 다양한 방면에서 일을 하고 있어. 몇 년 전만 해도 인간만이 할 수 있다고 생각했던 분야인 창의력이 필요한 분야에서도 쓰이고 있어. 혹시 평소에 신문 보니? 점점 많은 인공지능 기자들이 인간 기자를 대신해서 기사를 쓰고 있지."

"인공지능이 신문기사를 쓴다고요?"

인공지능은 벌써부터 의사, 약사, 판·검사, 변호사, 세무사, 회계사, 교사, 공무원, 기업 임직원 등을 대체하기 시작했어.

"또 인공지능은 의사, 약사, 판·검사, 변호사, 세무사, 회계사, 교사, 공무원, 기업 임직원 등을 대체하기 시작했어. 예를 들어 IBM사에서 만든 인공지능 왓슨이 있지. 처음에는 미국의 유명 퀴즈쇼 〈제퍼디 (Jeopardy)〉에 출연했어. 이 퀴즈쇼에서 인간을 이기고 74연승을 거두면서 상금을 250만 달러를 딴 최다 연승자였던 인공지능 왓슨은 이제 의료 분야에 진출했지. 초기에 왓슨헬스그룹의 암연구센터에서 논문 분석 등의 실험에 쓰였지. 보통 과학자가 하루 5개씩 읽으면 38년이 걸릴 논문을 한 달 만에 분석하여 항암 유전자에 영향을 미치는 단백질 6개를 찾아냈단다."

"와! 그 속도로 공부를 하면…."

"그 후 인공지능 왓슨은 정말 많은 공부를 했지. 8,500개 이상의 의료기관이 축적한 의료 정보, 120만 편 이상의 의학 논문, 400만 건 이상의 제약 특허, 2억 명 이상의 환자 정보, 2억 명 이상의 신체 정보, 300억 장 이상의 의료 이미지 파일 등. 그런데 이 정도의 정보량을 사람이 소화할 수 있을까? 이런 말이 있어. 하루 1편의 논문을 읽으면 좋은 학자가 된대. 그럼 하루 1편씩 읽는다고 가정하면 400만 일이야. 365로 나누면 좀 어렵지. 자 이럴 때 필요한 것은 바로 계산기. 전자계산기로 계산해 보자."

"제 스마트폰으로 해볼게요."

"자! 어디 보자. 만이 넘네. 골목대장, 생각해봐. 인공지능에 비할 수도 없는 계산기가 이렇게 빨리 답을 하는 것도 우린 못하잖아. 사람의 시간으로 만 년인데, 과연 만 년 동안 매일 논문을 읽을 수 있는 사람이 있을까?"

퀴즈쇼 인공지능 왓슨 대 사람

2011년 미국의 유명한 TV 퀴즈쇼 〈제퍼디〉에서 컴퓨터인 '왓슨'은 인터넷에 연결되지 않은 상태에서 주어진 질문에 3초 내로 답하여 제퍼디 퀴즈쇼의 전체 2등 출신인 경쟁자 2명을 압도적인 차이로 이겼다.

왓슨은 IBM의 〈토머스 J. 왓슨 연구센터〉에서 개발되었다. 개발자들은 '왓슨은 인지 컴퓨터 분야에서 세계 최고'라고 하며, 인간이 말하는 그대로의 언어를 이해하기 때문에 사람과 대화할 수 있는 인공지능으로는 왓슨을 뛰어넘는 인공지능은 아직 없다고 한다. 왓슨은 빅데이터 기술로 질문을 분석·추론·예측하여 복잡한 질문이나 수학·과학·인문학 등 다양한 분야에 대한 질문에 답을 찾는다.

〈제퍼디〉 퀴즈쇼에 참가하여 우승한 인공지능 왓슨

왓슨의 개발자는 "왓슨은 축적된 정보의 관계를 분석하며 정답을 찾는 학습 시스템을 가지고 있다. 마치 사람이 생각하는 것처럼 말이다."라고 강조했다.

왓슨은 퀴즈쇼를 넘어 미국 텍사스 의과대학 MD 앤더슨 암센터에서 의사의 환자 진료를 돕고 있다. 인간 의사가 방대한 자료 속에서 복잡한 결정을 해야 할 때 왓슨이 담당 분야에 대한 최신 논문과 새로운 약과 치료법 등을 학습하여 최적의 치료법을 찾아 인간 의사에게 제안함으로써 인간 의사의 판단을 돕고 있다.

또한 왓슨은 진료 기록을 보고, 환자의 상태를 파악하고, 다양한 의료 정보 속에서 점검 목록을 분석해 치료법을 찾는다. 또한 기록에 나와 있지 않은 정보는 스스로 질문함으로써 부작용을 피하는 치료법을 찾아주기도 한다.

이 외에도 왓슨은 다양한 일을 하는데, 미국 월가(街)에서 증권맨으로 일하고 있으며, 콜센터에서 고객의 문의에 응대하는 역할도 하고 있다. 또한 수많은 판례와 자료를 분석해 변호사·검사·판사들인 법조인의 판단에 도움을 주고 있다. 앞으로는 우주왕복선 등 시스템이 복잡한 산업 분야에 이용될 것으로 전망된다.

왓슨 개발자는 앞으로 10년 안에는 일반인들도 이 인공지능 왓슨을 사용할 가능성이 있다고 한다. 그래서 지금 외국어인 일본어를 학습하고 있다고 한다. 그럼 왓슨을 이용하면 외국어 공부를 안 해도 상관없는 그런 날이 올까? 세계 어디를 가도 왓슨만 있으면 의사소통이 가능하니까 말이다. 빨리 그런 날이 왔으면 좋겠다.

"아니요. 만 년을 사는 사람이 어디에 있어요? 그러니깐 사람이 할 수 없는 거네."

"그래. 골목대장은 가끔 신문 읽어 본다고 했지. 작년에 읽은 신문 기사 중 기억나는 기사가 있니?"

"아니요. 딱히."

"그래, 사람은 기억을 잘 못하지. 그러나 신문 기사보다 더 복잡한 논문이라 할지라도 인공지능은 언제 공부했는지 기간에 상관없이 다 기억할 수 있다고 해. 또한 공부만 하는 것이 아니라 인간 의사들을 도와주고 있지. 그래서 의사들과 의료 인공지능 개발자들의 의견을 종합해 보면 앞으로 의학에서 명의라는 단어가 사라질 거래. 병원에서 인간 의사 고유의 업무가 대

부분 사라지고, 의료 사고가 0% 수준으로 떨어지고, 사람들 모두 인공지능 주치의를 갖게 된다고 하네. 인공지능 의사는 실수가 거의 없으니까."

"그걸 보면 인공지능의 역할이 매우 중요한 것 같아요."

"그렇지. 이런 것을 보면 우리가 잘 몰라서 그렇지, 우리 사회 깊숙이 이미 인공지능이 자리 잡고 있고, 사람하고 경쟁을 하고 있지. 그러면 앞으로 10년 뒤에는 어떨까? 왓슨이 10년 뒤 어떻게 변해 있을까? 과연 그때쯤이면 왓슨과 같은 인공지능과 대결해서 승리할 수 있는 사람이 있을까? 아니면 영화의 아이언맨처럼 사람도 인공지능을 입고 다니게 될까?"

2 인간의 지능을 능가하는 인공지능

인공지능 하면 가장 먼저 떠오르는 것_ 40

인공지능에도 약자와 강자가 있다_ 58

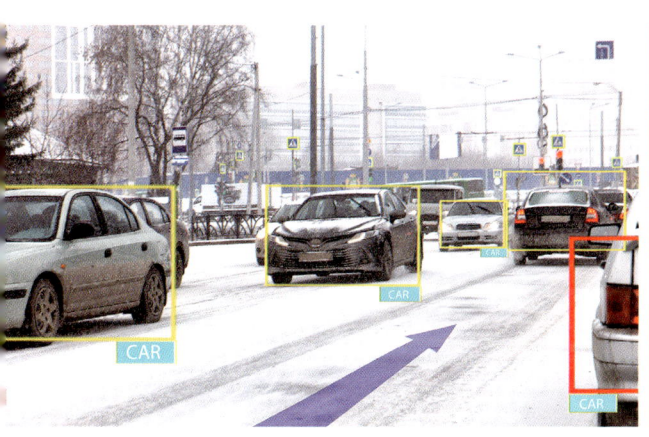

인공지능 하면 가장 먼저 떠오르는 것

구글에서 근무하는 민재와의 대화를 통해 참 많은 것을 생각하게 되었어요. 우리는 민재의 안내로 구글 본사 견학을 마치고 숙소로 돌아오는 길이에요. 골목대장은 택시를 탄 후부터 계속해서 틱톡을 보고 있어요.

"재미있니?"
"네, 재미있어요."
"혹시 네가 보고 있는 틱톡도 인공지능 기반이라는 걸 알고 있니?"

"네? 이것도 인공지능이예요."

"응, 그래."

"근데 아빠, 어디까지 인공지능으로 보아야 할지 헷갈려요."

"응? 맞다. 인공지능을 정의하기가 쉽지 않지? 인공지능이란 영어로 아티피셜 인텔리전스_(artificial intelligence)_라 하고, 약자로 AI라고 한단다. 골목대장, '인공'이라는 말의 뜻을 알고 있니?"

"사람이 만든 것 아니예요?"

"그래, 맞아. 인간이 가지고 있는 '학습 능력', '추론 능력', '지각 능력'을 우린 '지능'이라고 이야기하지. 이 지능을 인공적으로, 즉 사람이 만들었다는 뜻이지. 그럼 우리 주위에 어떤 인공지능이 있는지 맞춰 볼까?"

"저, 먼저요, 이 틱톡이요"

"그건 반칙인데."

"그래도 제가 맞췄죠."

"이제 내 순서네. 난 인공지능 비서 지니. 이젠 골목대장 차례."

"음~. 뭐가 있을까? 잘 모르겠어요."

"그럼, 내가 힌트를 줄게. 내가 조금 전에 호텔에 연락을 했지. 그때 내 말에 응답을 해 준 것이 무엇이지."

"챗봇이요."

"그래, 그게 힌트야."

"그럼 챗봇도 인공지능이에요?"

"당연하지. 많은 사람들이 다양한 방식으로 질문을 하더라도 챗봇은 자동으로 인식해서 고객이 원하는 답변을 하도록 만들어져 있지. 생각해 보니 내가 불리한 게임 같다. 모르면 힌트 주고, 나에겐 힌트 주는 사람도 없는데."

"아빠는 딸이 맞히는 게 싫어요?"

"아니, 그건 아니지만~."

골목대장이 언제나 아기인 줄만 알았는데 언제부터인가 말로는 감당할 수 없을 정도로 커버린 것 같아요.

"이제 아빠 차례예요. 빨리 말하세요."

"자율 주행 자동차. 다음은 골목대장."

"아무리 생각해도 이건 제가 지는 게임 같아요. 이렇게 술술 나오는데 제가 어떻게 이겨요?"

"이기는 것이 꼭 중요한 것이 아니지. 어서 말해."

"생각났어요. 우리 수학 학원의 프로그램이요."

"정말?"

"네. 선생님이 그러셨어요. 인공지능 엔진이 탑재되어 있다고."

"그래, 그건 넘어가자."

"넘어가는 것이 아니라 사실이에요."

"알았어. 이젠 내 차례지? 스마트홈 시스템."

"아빠, 스마트홈 시스템은 인터넷으로 집 안에 있는 가전 기기를 켜고

끄는 사물 인터넷이잖아요."

"오! 골목대장, 많이 아는데. 그래 과거엔 스마트홈 시스템이 그 정도였지. 하지만 지금은 기술이 많이 발전하여 인공지능도 들어가 있단다. 이젠 네 차례."

"음, 잘 생각나지 않아요. 힌트 좀 주세요."

"그럼 힌트 나갑니다. 다음 단어들을 연상해 보세요. 공항, 사진, 안내…"

"공항, 사진, 안내요. 그게 뭐예요? 아! 알았다. 공항에서 사진 찍었던 안내 로봇, 에어 뭐라고 했는데."

"공기와 별이지."

"에어 스타?"

"딩동댕!"

"야! 맞췄다. 이젠 아빠 차례.'

"맞추긴 내가 맞춘 거지. 다시 네 차례야."

인천공항의 안내 로봇 에어스타

"저는 했잖아요. 어서 말하세요."

"그래. 벌써 우리 숙소에 도착했네. 이제 내려야 하니깐 여기까지 하자."

"흥, 아빠 차례지만 어쩔 수 없죠."

"아빠, 우리 내일은 뭐해요?"

"내일 또 민재와 만나서 인공지능에 대해 좀 더 자세히 알아보려구."

"내일 구글 본사에 또 가요?"

"응, 민재가 거기서 만나자고 하네."

"와! 신난다!"

"그렇게 좋아?"

"그럼요. 얼마나 신기한 것들이 많은데요."

"내일도 바쁜 하루가 될 거야. 오늘은 일찍 자고 내일 일찍 일어나야 해."

"네, 아빠."

"그럼 좋은 꿈 꿔."

"네, 아빠도요."

우리 주위의 인공지능들

1. 틱톡, 스노우 등의 앱

틱톡(TIK TOK)은 중국의 인터넷 기업인 〈바이트댄스〉가 출시한 앱으로, 짧은 영상을 제작 및 유통할 수 있다.

스노우는 사람의 얼굴이나 신체를 휴대폰 카메라로 인식하여 스티커를 붙이거나 얼굴 모양을 바꾸는 인공지능 기술이 탑재된 앱이다.

2. 알렉사, 기가지니 등 음성 인식 인공지능 비서

아마존이 만든 인공지능 스피커인 '알렉사'가 있다면, 한국에서는 KT가 만든 '기가지니'가 있다. 사람의 음성을 인식하고 처리하는 음성 인식 시스템을 가지고 있다

3. 자율 주행 자동차 '웨이모'

인공지능 기술의 집약체는 다름 아니라 자율 주행 자동차이다. 운전자의 조작 없이 운행이 가능하다.

웨이모는 구글 슬렉스의 연구소에서 개발하는 무인 자동차 기업이다.

인간의 지능을 능가하는 인공지능

구글 직원 12명은 매일 무인 자동차로 출퇴근하면서 테스트를 지속하고 있는데, 집에서 고속도로까지만 직원이 직접 운전하고, 실리콘밸리 고속도로에 진입하면 구글 무인 자동차 소프트웨어인 '구글 쇼퍼*(chauffeur)*'가 운전을 대신한다.

4. 자율 주행의 핵심 기술 라이다 센서와 레이더

라이다 센서와 레이더는 사람의 눈 역할을 한다. 이 둘은 약간의 차이가 있고 호감도도 다르다. 테슬라의 일론 머스크는 라이다보다 레이더를 더 필수 기술이라 한 반면 구글, 웨이모와 중국의 테슬라라고 불리는 샤오펑*(Xpeng)* 등은 레이더보다 라이다가 더 필수 요소라고 말한다.

라이다*(Light Detection And Ranging)*는 고출력 레이저 펄스를 발사해 레이저가 목표물에 맞고 되돌아오는 시간을 측정함으로써 사물 간의 거리와 형태를 파악한다. 비행 시간 거리 측정*(ToF: Time of Flight)* 기술이라고도 불린다.

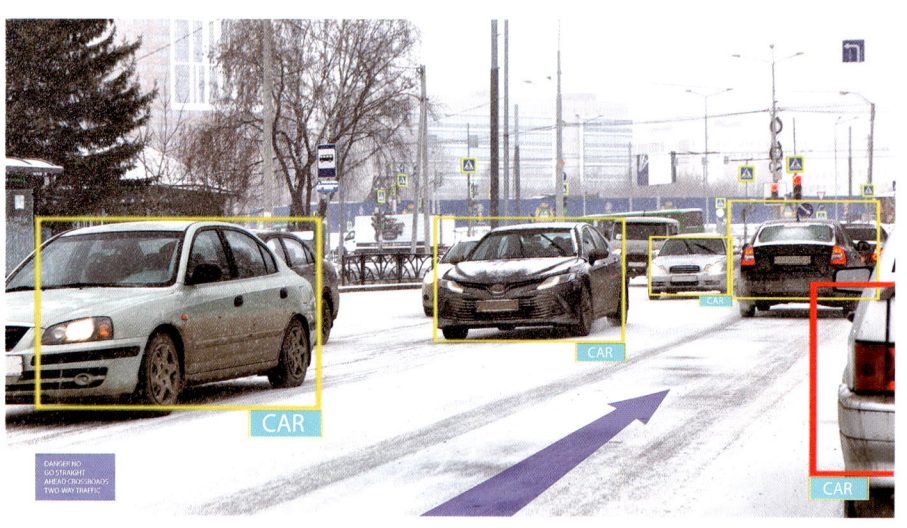

레이더는 라이다와 동일한 방식으로 작동하지만, 레이저 대신 전파를 이용한다는 점에서 차이가 난다. 전파를 발사해 물체에 맞고 되돌아오는 데이터로 물체의 거리, 속도, 방향 등의 정보를 파악한다. 이 센서를 이용하면 길에 다니는 강아지와 고양이도 피해갈 수 있다.

5. 헬스케어

코로나 19 바이러스 때문에 인공지능 기술을 이용한 '헬스케어' 분야는 큰 발전을 이룩했다. 환자를 직접 대면하지 않고 진단 또는 수술, 약 처방이 가능해졌다. X-ray, CT, MRI 등을 인공지능이 읽어서 정확한 진단을 내리면 자신에게 맞는 약을 택배로 받게 된다. 약국에 가지 않아도 된다.

전 세계 질병과 관련된 빅 데이터를 이용해 희귀 질병, 난치병의 연구에 도움을 준다. 환자의 음성이나 얼굴 색·근육 움직임을 판독해 회복 속도와 수명 등을 예측하여 다양한 환자의 컨디션을 예측할 수 있고, 사람이 하기 어려운 수술을 인공지능 로봇이 대신 할 수 있게 되었다.

각종 스마트 진단 키트 개발이 계속 이루어지고 있다.

6. 인공지능 교육

현재 인공지능 교육은 학생들의 학습 데이터를 분석해 그 결과를 보여주거나, 틀린 문제의 데이터를 분석해 이와 비슷한 유형의 문제를 제공하는 수준이다.

앞으로는 만약 학생이 특정 유형의 문제를 연속해서 잘못 대답한다면 그 학생에게 부족한 개념을 알려주고, 이를 해결하기 위해 그 학년 이전의 교육과정까지

감안하여 어떤 학습이 필요한지를 체크하고 문제점을 알려주는 시스템으로 발전할 가능성이 있다.

7. 스마트홈

스마트홈이란 가전제품을 비롯하여 집 안에서 사용하는 모든 장치를 네트워크로 연결해 제어 및 조절하게끔 하는 기술이다. 이는 TV, 에어컨, 냉장고 등 가전제품을 비롯해 수도, 전기, 냉·난방기, 도어록, 감시카메라 등 다양한 분야의 기기를 통신망으로 연결해 모니터링하고 제어할 수 있는 기술이다.

스마트폰이나 인공지능 스피커가 사용자의 음성을 인식해 집 안의 모든 사물인터넷 기기를 연결하고, 사용자의 입맛에 따라 자동으로 작동하거나 원격으로 조종할 수 있다.

스마트홈은 원격 제어에서 발전해 AI가 상황과 사용자의 취향을 학습하고, 이에 맞는 결과를 스스로 제공하는 방향으로 발전하고 있다. 사용자가 퇴근하는 시간에 맞춰 미리 보일러나 조명를 켜고 욕조에 물을 받아 둘 수도 있다.

8. 스마트 그리드

스마트 그리드는 '똑똑한'을 뜻하는 'Smart'와 전기·가스 등의 공급용 배급

망·전력망이란 뜻의 'Grid'가 합쳐진 단어로, 차세대 전력망 또는 지능형 전력망으로 불린다. 기존 전력망에 정보통신 기술(ICT)을 더해 전력 생산과 소비 정보를 양방향·실시간으로 주고받음으로써 에너지 효율을 높이는 차세대 전력망이다.

스마트 그리드 기술이 발전하게 되면 쓸데없이 버려지는 전기의 양을 최소화할 수 있다. 그리고 전기가 언제 얼마나 모자라게 되는지 월 단위 또는 년 단위로 스케줄링할 수 있게 된다.

국가나 전 세계적인 관점에서 봤을 때 풍력 발전, 화력 발전, 원자력 발전, 지력 발전 등 어떤 발전 설비를 얼마나 가동할 것인지 계산이 가능하기 때문에 환경 문제 대응에 필수적인 기술이다.

스마트 그리드의 개념도

9. 게임

텍스트 탐지 시스템, 욕설과 광고어 등을 손쉽게 습득해서 탐지하여 제거한다. e스포츠 경기에서 시간대별 순위 변동 그래프, 선수별 주행 거리·평균 속도, 드리프트 사용 횟수 등 지표를 보여주기도 한다. 인공지능은 게임 속 캐릭터가 달리기·점프 등 연속적이고 개별적인 동작을 인간처럼 자유롭게 움직이면서 게임을 할 수 있도록 도와준다.

10. 스마트 공장

스마트 공장*(Smart Factory)*하면 생산 라인이 기계로 이루어진 생산 자동화를 생각하기 쉽지만, 이제는 인공지능이 도입되어 생산 현장의 장비들이 자동화·최적화되는 시스템으로 발전하였다. 자동차, 선박, 기계, 섬유 등을 생산하는 공장과 발전소 등에는 커다랗고 복잡한 설비들이 많이 들어가는데, 이러한 설비들은 한번 고장 나서 멈추면 많은 손실을 발생시킨다. 그래서 생산 설비들이 인공지능과 연결되면, 인공지능이 설비들의 각 유닛별로 데이터를 수집 분석하여 고장을 예측하거나, 품질 불량의 원인을 찾아내어 해결할 수 있게 해 준다. 또한 AGV*(automatic guided vehicle/무인 운반차)*라는 자율 주행 로봇은 사람의 눈과 손·발을 대신하여 물건을 싣고 이동하는 동안 발생하는 데이터를 수집하고 처리한다.

11. 스마트 쇼핑 *(추천 알고리즘, AR 탈의실, 아마존고)*

온라인 쇼핑몰에서는 고객이 구경한 상품들에 대한 데이터를 분석하여 추천 상품을 보여 준다. 또한 옷을 직접 갈아입지 않아도 AR 디스플레이 앞에 서면 카메라가 나에게 가상의 옷을 입혀 보여주는 가상의 탈의실 시스템이 있다. 이렇게 해서 온라인 쇼핑몰의 단점을 커버하고, 옷 갈아입는 시간을 단축시킬 수 있다. 그리고 여러 가지 색상의 옷이 있다면 색상을 바로바로 변경해서 입어 봄으로써 나에게 맞는 색상까지도 쉽게 확인할 수 있게 해 준다.

무인 편의점 시스템도 존재한다. 대표적인 것이 아마존의 '아마존고*(Amazon Go)*'이다 물론 우리나라에도 무인 편의점은 많이 있지만, '아마존고'하고는 차이가 있다. 우리나라의 무인 편의점은 물건을 고른 후 내가 직접 바코드를 찍고 계산하는 방식이다. 하지만 아마존고는 사고 싶은 물건들을 카트에 담아 나오면 된다. 그러면 자율 주행차에 활용되는 기술과 유사한 컴퓨터 비전, 센서 융합, 딥러닝 등의 기술을 활용해 카트에 담은 물건을 확인한다. 그리고 아마존고의 자동 결제 기술인 '저스트 워크 아웃*(Just Walk Out)*' 기술을 활용하여 쇼핑 후 상점을 나가면 모바일앱을 통해 영수증을 발행하고, 아마존 계정에 청구되는 방식으로 지출하게 해준다.

12. 범죄 예방

범죄 수사 및 사고 예방 분야에서 인공지능의 중요성이 날로 커지고 있다. AI 기술은 그동안 기업의 경쟁력과 서비스 가치를 높이는 데 주로 활용되었으나, 최

근에는 범죄를 예측하고 사이버 공격을 탐지하며 금융 사기를 차단하는 데까지 폭넓게 적용되고 있다

보이스 피싱 등 사기 예방에도 인공지능 기술이 적용된다. IBK 기업은행은 인공지능을 활용한 보이스피싱 방지 앱 'IBK 피싱스톱' 서비스를 시작했다. 주소록에 저장되지 않은 발신자의 통화 내용을 분석해 사기 확률이 일정 수준에 도달하면 사용자에게 경고 알림을 발송한다. KB 국민은행도 인공지능 알고리즘을 토대로 문자 스미싱 여부를 판단하는 '리브똑똑 안티스미싱' 공식 서비스에 나설 계획이다.

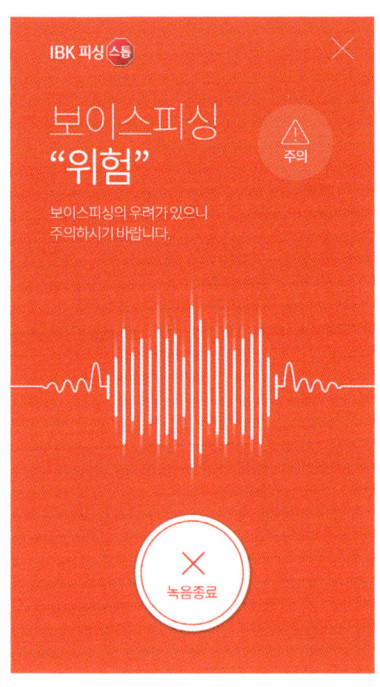

13. 챗봇

지금까지는 고객들이 문의를 하면 상담원이 전화로 해결해 주었는데, 이제는 인공지능이 채팅을 통해 해주는 것이 바로 '챗봇'이다.

다양한 사람들이 다양한 방식으로 질문을 하더라도 고객이 원하는 것이 무엇인지 파악해서 대답을 한다. 이것을 가능하게 하는 기술이

바로 딥러닝을 이용한 자연어 처리 기술이다. 그러나 여기서 더 발전하여 앞으로는 글로만 인식하는 것이 아니라 사람들과 직접 음성으로 대화를 하는 기술로 발전해 갈 것이다.

14. 스마트 농장

인공지능이 수십 년 경력의 베테랑 농민보다 농사를 더 잘 지을 수 있을까? 사람의 개입 없이 인공지능 스스로 농사를 짓는 데 필요한 모든 결정들을 내리게 하면 어떤 결과가 나올까? 인공지능이 토마토 모종에 물은 얼마나 줄지, 햇빛은 얼마나 쬐게 할지, 비료는 얼마만큼 줄지 등 농사를 짓는 데 필요한 의사 결정을 하는 기술이 이미 개발됐다.

이 의사 결정은 비전 센서, 온도·습도 센서 등 작물이 자라나는 환경에 대해 제어할 수 있도록 학습을 통해 이루어진다. 이처럼 잘 통제된 공간에서뿐만 아니라 직접 땅에 경작하는 농민들을 위해서 갑작스러운 기후의 변화, 병충해 등을 미리 예측하고 대비하는 스마트팜도 앞으로 등장하게 될 것이다.

15. 인간의 친구, 인공지능

아리스토텔레스는 인간은 사회적 동물이라고 했다. 즉 사람은 다른 사람과 관계를 맺고 교류한다는 것이다

하지만 코로나 19 팬데믹으로 전 세계가 만나서 교류할 수 없게 되자 '인스타그램', '페이스북', '틱톡' 등과 같은 인공지능 시스템이 교류할 수 있는 장소를 제공하였다. 이처럼 인공지능은 우리가 사회적 동물이 될 수 있도록 도와주었다.

영화 〈Her〉에서는 인격형 인공지능 체계인 사만나와 사랑에 빠진 남자의 이야기가 나온다. 이 영화처럼 지금도 인간과 따뜻한 감정을 공유하고 교감할 수 있는 인공지능 시스템을 개발 중이다. 아직 초기 단계이긴 하지만, 앞으로 그런 시스템들이 나올 것이다. 이를테면 인공지능 시스템이 나에게 먼저 말을 걸고, 내 고민을 들어주고, 칭찬도 해주는 등 사람과 같은 상호 교감까지 가능하다는 전망이다.

16. 법률 인공지능

리걸 테크는 '법*(Legal)*'과 '기술*(Tech)*'을 접목한 말로, 법률 서비스를 제공하고 법률 산업을 지원하기 위한 기술 및 소프트웨어를 말한다. 최근 인공지능과 변호사가 법률 자문 대결을 펼쳤다. '알파로*(alphalaw)* 경진대회'에서 변호사와 인공지능으로 구성된 혼합 팀이 인간 변호사 팀에 승리함으로써 법률 해석 분야에서 인공지능의 활용 가능성은 입증됐다. 앞으로 인공지능은 변호사 업무를 시작으로 법관 역할까지 지원 범위가 넓어질 것이다. 이렇게 되면 법률 서비스의 문턱과 비용을 낮출 수 있게 될 것이다.

또한 재판 진행과 판결문 작성 등에서 인공지능은 사람의 보조 도구로 활용됨으로써 법관의 업무 부담은 줄어들고 재판의 질은 높아질 것으로 기대된다. 사법부에서 인공지능의 활용이 결정되면 법조계의 인공지능 활용은 더욱 확대될 것으로 전망된다. 하지만 미국 등 선진국에서는 리걸 테크 활용이 일상화되어 있다. 이베이와 월마트는 인공지능을 활용하여 온라인 법률 분쟁 문제를 해결함으로써 비용과 시간을 절약하고 있다.

17. 인공지능 주방

주방에 인공지능 셰프*(chef)*가 생긴다. 이 인공지능은 현재 보통 '로봇 팔'의 모습으로 존재하는데, 사람을 대신해서 요리를 하거나 서빙을 한다. 로봇이 요리를 하

기 때문에 정확한 레시피만 있다면 항상 일정한 맛을 손님들에게 제공할 수 있다는 것이 장점이다.

그리고 주방에서 사용하는 모든 식자재들에 대한 정보도 데이터화해서 가지고 있기 때문에 어떤 재료가 얼마나 남아 있고 언제 주문해야 할지까지 파악이 가능하다. 아직 인간이 개입하지 않는 완전한 자동화는 불가능하지만, 사람이 조금씩 개입한다면 아주 효율적인 스마트 키친이 완성될 것이다.

18. 음악 창작

인간이 그린 그림, 사람이 악기로 연주한 소리를 인공지능이 이해하고 새로운 창작물을 만들어내기 시작했다. 1천여 가지 악기 소리와 30여 만 가지의 음이 담긴 데이터베이스를 구축하고, 이를 인공지능에게 학습시켜 새로운 소리·음악을 만들어내려는 시도를 하고 있다. 이러한 시도는 인공지능이 더욱 창의적으로 되어간다는 면에서 시사하는 바가 크다.

19. 인공지능 반려동물

잘못된 반려견의 행동을 교정해 주는 인공지능 애견 훈련 기기가 등장했다 〈컴패니언 프로〉라는 이름의 이 제품은 겉모습은 오래된 히터처럼 보이지만, 이미지 센서, 무선 연결 기능, 조명, 스피커 등이 탑재된 인공지능 애견 훈련 기기다.

컴퓨터 비전 기술을 활용해 개의 행동을 실시간으로 감지하고, 올바른 행동을 했을 때 보상으로 사료를 준다. 또한 오디오 명령 기능도 탑재되어 있다. 이 인공지능 애견 훈련 시스템은 애견의 행동을 자동으로 감지하면서 훈련시킬 수 있다.

1인 가구가 늘어나면서 반려견의 교육이나 외로움에 대해 상당한 고민이 많은데, 이 인공지능이 등장하면서 주인 없이도 훈련이 가능하게 됐다. 실제 강아지처럼 행동하는 인공지능 강아지도 있다. 비전 기술과 음성 인식 기술 등을 탑재하고 있어 반려견을 기르기 전에 간접 경험을 해볼 수도 있다.

애견 훈련 기기 컴패니언 프로

이상 인공지능이 적용된 사례 19가지를 알아보았다.

인공지능에도 약자와 강자가 있다

"아빠, 빨리 일어나요. 벌써 해가 떴어요. 오늘 민재 오빠 보기로 했잖아요. 빨리 일어나세요."

"알았어. 빨리 준비할게. 넌 민재 만나면 물어볼 것 준비했니?"

"그럼요. 제가 아빠같은 줄 아세요."

"민재야."

"안녕하세요. 많이 기다리셨죠. 오늘 따라 회의가 좀 길어져서요."

"아니야. 이렇게 시간 내줘서 우리가 고맙지. 그리고 골목대장이 물어볼 게 좀 있다는 데….."

"그래. 골목대장 궁금한 게 뭐야?"

"오빠, 인공지능이 무엇인지는 어제 아빠가 설명해 주셔서 알겠는데, 미래에는 인공지능이 어떻게 발전해 갈지 알고 싶어요."

"골목대장, 공부 많이 했구나. 그러면 일단 이것부터 알고 시작하자. 인공지능도 종류가 있어. 인간을 완벽하게 모방한 인공지능을 강 인공지능이라고 하고, 인간을 완벽하게 모방한 것이 아니라 유용한 도구로 사용하기 위해 설계된 인공지능을 약 인공지능이라고 하지."

"인공지능에도 강한 것과 약한 것이 있다고요?"

"그럼. 골목대장, 너도 알파고는 알지? 알파고는 강 인공지능일까? 약 인공지능일까? 이 책을 읽고 있는 친구들도 생각해 봐요. 사람인 이세돌 9단을 이긴 알파고는 강 인공지능일까요? 약 인공지능일까요? 힌트를 주자면 강 인공지능은 인간을 완벽하게 모방한 인공지능이고, 약 인공지능은 유용한 도구로 사용하기 위해 설계된 인공지능이에요. 자! 생각했나요! 그럼, 하나 둘 셋 하면 대답해 보는 거예요. 하나! 둘! 셋!"

"혹시 강 인공지능인가요?"

"골목대장, 왜 강 인공지능이라 생각했니?"

"알파고는 사람을 이겼잖아요. 그럼 사람보다 지능이 더 좋은 거 아니에요? 그러니까 강 인공지능이죠."

"그 말도 맞긴 한데. 이렇게 생각해 보자. 알파고는 바둑을 두는 인공지능이지. 만약 알파고가 바둑이 아닌 장기를 둔다고 하면 어떨까?"

"장기보다 바둑이 더 복잡하니깐 쉽게 이기지 않겠어요."

"그런데, 아니란다. 사람하고 비교해 보자. 어떤 사람이 바둑을 두다가 장기를 두려면 장기의 규칙을 배워야 하잖아. 그리고 규칙을 이해하면 바로 장기를 둘 수 있지. 하지만 인공지능은 아직은 그렇게 하지는 못해. 게임의 룰이 조금이라도 바뀌면 적응하지 못해. 바둑하고 장기는 완전 다른 게임이잖아. 물론 알파고는 획기적인 기술이고, 인간의 능력을 한참 뛰어넘기는 해도 아직 프로그래밍 엔지니어가 설계한 것 이상으로는 뻗어나가지 못하는 한계가 있어. 그래서 강 인공지능이 아니라 아직 약 인공지능이지. 현재 대부분의 인공지능이 약 인공지능이야."

"오빠, 그러면 강 인공지능은 어떤 거예요?"

"음, 강 인공지능은 인간의 지성을 컴퓨터의 정보 처리 능력으로 구현한 시스템이지."

"영화에 나오는 그런 걸 말씀하시는 거예요?"

"그래. 골목대장이 생각하는 영화에서 나오는 것처럼 고도로 발달된 인공지능이 인간을 지배하는 무시무시한 이야기들 있잖아. 이런 이야기들은 모두 강 인공지능을 소재로 한 것이지. 아직 예측할 수 없는 먼 미래의 이야기지만."

"얼마나 먼 미래일까요?

"글쎄, 인간이 아직 과학적으로 다루지 못하는 미지의 영역들이 있어. 사람의 뇌, 정신, 의식, 생각같은 것들이지. 먼저 이런 미지의 영역에 대한 연구가 완성되어야 해. 이런 미지의 영역을 연구하는 데 얼마의 시간이 걸리느냐에 달려 있다고 할 수 있지."

"그런데 꼭 미지의 영역을 알아야 해요?"

"물론이지. 우리의 기술 발전은 과학을 기반으로 사물을 모방해서 이룬 성과이지. 예를 들어 볼까. 골목대장은 여기 사진 속의 강아지와 고양이를 구별할 수 있지? 그러나 인공지능이 이걸 구별한 지는 얼마 되지 않았어."

"정말요? 그렇게 똑똑해 보이는 데도 그것을 구별 못했다고요?"

인간의 지능을 능가하는 인공지능

"생각해 봐. 강아지와 고양이를 구별하기 위해서는 강아지와 고양이의 주요 특징들을 정리해서 기계에게 알려줘야 하는데, 고양이와 비슷하게 생긴 강아지처럼 예외들이 많이 생겨서 실제로는 제대로 구별하지 못했어."

"인공지능은 생각보다 멍청한 면도 있네요."

"하하! 그럴까. 이렇게 설명하면 쉽게 이해가 될까? 골목대장은 어떻게 강아지와 고양이를 구별할 수 있었어?"

"글쎄, 그냥 어느 순간부터 알게 된 것 같은데요."

"그래. 그게 바로 지능이야! 과학자들은 연구를 통해 어린아이들이 강아

인공지능

인간의 학습 능력, 추론 능력, 지각 능력을 인공적으로 구현한 컴퓨터 시스템

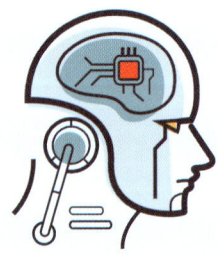

머신 러닝

데이터베이스를 토대로 경험을 축적하여 자동으로 개선해 나가는 학습 알고리즘

딥 러닝

인간의 뇌에서 신경세포를 사용하는 방식과 유사하게 정보를 처리하는 알고리즘

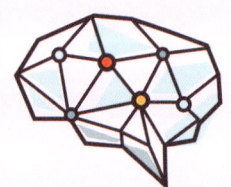

머신 러닝과 딥 러닝

지와 고양이를 구별하기 위해서 우리 뇌의 신경망 시스템을 활용한다는 사실을 알게 되었단다. 그래서 인공지능에 인공 신경망 시스템을 만들 수 있었어. 이것이 바로 딥 러닝(deep learning)이라는 기술이야. 많은 수의 강아지 사진과 고양이 사진을 보여 주고 꾸준하게 학습을 시켰어. 그러니까 어떻게 특징으로 구체화하기 어려운 부분도 인공지능이 학습을 통해 알게 되었단다. 이렇게 인공지능은 사람의 지능을 모방해서 만들어지기 때문에 먼저 사람의 지능이라는 것이 무엇인지 규명할 필요가 있어. 설명이 좀 어려운 이야기인데, 이해 되었니?"

"응, 그러니까 아직 연구해야 할 일이 많이 남았다는 거죠?"

"그래, 우리 골목대장과 이 책을 읽는 우리 친구들이 지금 열심히 공부해야 하는 이유이기도 해. 앞으로 어른이 돼서 약 인공지능을 뛰어넘는 강 인공지능을 만들어서 인류의 발전을 위해 힘써 줬으면 해."

3 세계 여러 나라의 인공지능

미국의 인공지능_ 66

아시아의 인공지능_ 72

유럽의 인공지능_ 78

미국의 인공지능

"골목대장, 딥 러닝 기술이 발달하면서 인공지능은 짧은 시간 동안 엄청난 발전을 해왔어. 구글에서 만든 인공지능 화가인 딥 드림 제네레이터 (Deep Dream Generator)를 소개할게. '딥 러닝'을 눈에 보이는 시각 이미지에 적용한 기술로, 그 결과물이 마치 꿈을 꾸는 듯 추상적인 이미지를 닮았다고 해서 '딥 드림'이라고 부르지. 이 딥 드림 제네레이터는 영감을 주는 시각적 콘텐츠를 제작해 준단다."

"그럼 인공지능이 그림을 그린다는 거예요?"

"그래, 한번 해볼래?"

"제가 직접 할 수도 있어요?"

"그럼. 일반인들에게 공개되어 있어. 여기 노트북이 있으니 한번 해 보자. 먼저 구글 익스플로러로 들어가서 영어로 'Deep Dream Generator'나 한글로 '딥 드림 제네레이터'를 검색하면 맨 위에 영어로 Deep Dream Generator가 나오지. 여기가 사이트야. 골목대장, 혹시 구글 아이디 있니?"

"넵."

"그걸로 로그인을 하면 돼. 오늘은 그냥 내 아이디로 로그인을 해볼게. 맨 위에 generate를 클릭하고 순서대로 ① choose base image를 클릭해서 변형하고 싶은 내 그림을 선택한 후에, 그 다음 밑에 있는 ② choose style

딥 드림 제네레이터로 그린 그림 (출처 : Deep Dream Generator twitter)

image를 선택해서 바꾸고 싶은 스타일을 선택하는 거야. 그 다음으로 ③ generate를 선택하면 진행창이 보이지. 조금만 지나면 어떻게 되나 보자. 거의 다 됐네. 어때?"

"와우, 정말 고흐가 그린 그림 같아요."

"그렇지? 이처럼 인공지능은 사람들에게 유용하게 사용되고 있어. 또 한 가지. 혹시 '빅스비', '지니', '알렉사'를 알고 있니?"

"네."

"그래. '빅스비'는 삼성, '지니'는 애플, '알렉사'는 아마존에서 만든 음성 인식 인공지능 시스템이지. 구글에도 이런 시스템이 있는데, 그것이 바로 '구글 듀플렉스*(Google Duplex)*'야. 이 인공지능 듀플렉스는 음성 인식을 넘어서 인간과 똑같은 목소리로 예약을 도와주는 인공지능 소프트웨어야."

"예약을 대신 도와준다고요?"

"그래, 혹시 식당이나 병원에 예약을 해 본 적이 있니?"

"아니오. 그런 예약은 엄마가 하는데요."

"그렇구나. 그럼 엄마가 예약하는 것을 본 적은 있지?"

"네."

"그럼 이 동영상을 보자. 듀플렉스가 어떻게 사람들하고 의사 소통을 하고 예약을 잡아 주는지 직접 보여주는 동영상이야. 이 책을 보고 있는 친구들도 보고 싶다면 유튜브에 들어가서 '구글 듀플렉스'를 검색하면 볼 수 있어요. 자, 이제 시작한다."

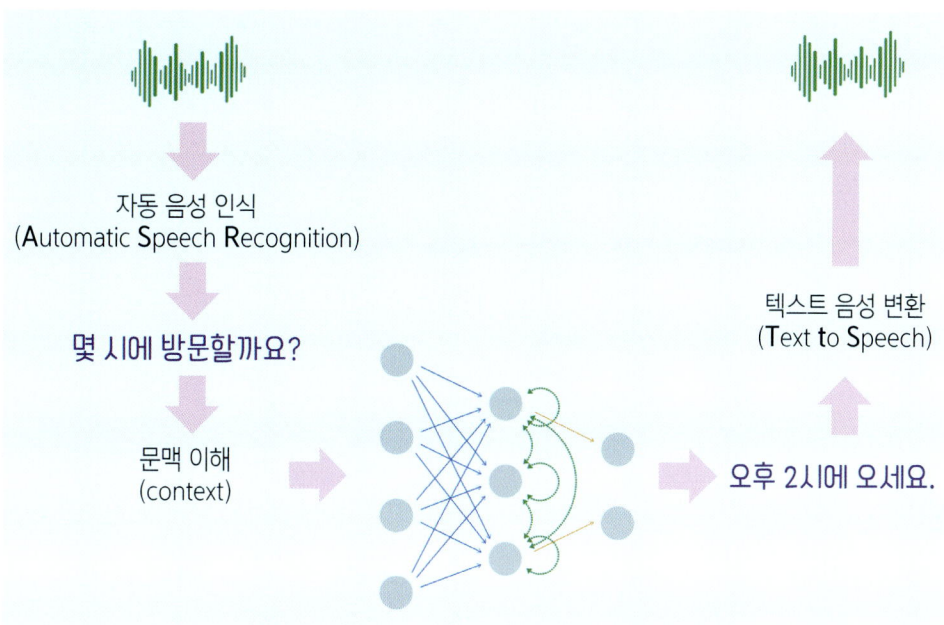

구글 듀플렉스가 고객과 의사소통하는 원리

"대단한데요. 사람의 말을 너무 잘 알아듣고 예약도 잘 잡아 주네요."

"그래. 듀플렉스가 널리 쓰이게 되면 어떨까? 전화 받는 직원을 더 채용하는 것보다 이 시스템을 사용하는 것이 더 유리하지 않을까?"

"정말 그러네요."

"그래. 인공지능 시스템은 앞으로 무궁무진하게 발전할거야. 골목대장은 앞으로 어떤 인공지능 시스템이 생기면 좋을 것 같니?"

"저는 인공지능 애완견이 있으면 좋겠어요. 애완견을 키우고 싶은데 엄마가 안 된대요. 강아지를 아파트에서 키우면 강아지가 너무 슬퍼할 수 있다고요."

"그렇구나. 그럼 골목대장이 지금부터 열심히 공부해서 나중에 사람하고 의사 소통하는 정말 실제같은 애완견 인공지능 로봇을 만들면 어떨까? 이 책을 읽고 있는 다른 친구들은 만들어 보고 싶은 특별한 AI가 있나요? 지금부터 열심히 노력해 보세요. 혹시 알아요. 인공지능 세계의 에디슨이 될지. 충분히 될 수 있어요. 한번 도전해 봐요."

"골목대장, 시간이 많이 지났어. 이제 민재 오빠는 회사로 돌아가야 돼."

"벌써 이렇게 시간이 지났네요."

"저도 배에서 꼬르륵 소리가 났어요. 선생님 식사 하시고 가시죠?"

"아니야. 우리에게 이렇게 많은 시간을 배려해 줬는데, 이젠 좀 쉬고 오후에는 회사에서 일해야지."

"한국엔 언제 돌아가세요?"

"응. 내일 비행기로 가."

"아쉽네요. 다음엔 시간 넉넉히 잡고 오세요. 같이 관광도 하고 그러게요."

"그래, 그렇게 할게. 정말 고마워. 골목대장도 민재 만나고 나서 이런저런 생각이 많아진 것 같아."

"좋은 계기가 되어 다행이네요. 다음에는 더 좋은데 모시고 갈게요. 꼭 다시 오세요."

"그래."

"골목대장, 이제 가자."

"오빠, 고마웠어요."

"그래, 잘 가"

이렇게 우린 다시 한국으로 돌아오기 위해 민재와 헤어지고 호텔로 돌아갈 택시를 탔어요.

"골목대장, 이번 여행은 어땠어?"
"네. 좋았어요. 아빠, 나도 민재 오빠처럼 크면 똑똑한 인공지능 만들 거예요."
"그래, 너는 꼭 할 수 있을 거야. 아빠 도움이 필요하면 언제든 말만 해."
"콜."

세계 여러 나라의 인공지능

아시아의 인공지능

"아빠, 그럼 인공지능이 제일 발전한 나라가 미국인가요?"

호텔로 돌아오는 길에 골목대장이 질문을 던집니다.

"글쎄, 꼭 그렇다고 말할 수는 없지. 내가 알기론 중국도 있고 일본도 있어. 유럽도 인공지능 강국들이야."
"그럼, 우리나라는요?"

"글쎄, 나도 잘 모르겠는데. 이럴 때 필요한 게 뭐지?"

"구글 검색이요."

"그래, 한번 찾아보자."

바로 핸드폰을 꺼내 들고 검색을 시작합니다.

"여기 찾았다. 골목대장. 그래도 한국은 전 세계에서 인공지능 강국 5위쯤 되네. 미국이 1위, 중국 2위, 영국이 3위, 그리고 한국은 5위라고 나와 있네."

인공지능 강국 순위

출처 : 영국 Tortoise Intelligence (2021. 10)

국가	인재	인프라 구조	운용환경	연구	개발	국가전략	상용화	종합 순위
미국	1	1	35	1	1	10	1	1
중국	21	2	4	2	3	5	2	2
영국	4	19	11	3	11	14	4	3
캐나다	8	16	20	5	9	3	6	4
한국	19	6	50	18	2	7	15	5
이스라엘	5	28	29	7	12	51	3	6
독일	14	11	17	4	10	8	11	7
네덜란드	6	8	8	13	7	29	21	8

세계 여러 나라의 인공지능

"중국이 우리보다 앞선다구요?"

"물론이지, 앞으로 중국이 미국을 앞설 거라고도 하네."

"중국이 미국을 앞선다고요?"

"응, 2030년이라고 하니 얼마 남지 않았네. 인구 수로 밀어붙이니 어쩔 수가 없나 보다."

"아빠, 인구 수라니요?"

"인공지능 분야를 크게 4~5가지로 나누는데, 그중 세 분야의 핵심 기술 파트는 여전히 미국이 우세하지. 그중에서 2개 분야, 인공지능 데이터 분야와 응용과 관련된 부분에서 중국이 빠르게 성장하고 있어. 중국 인구는 14억인데, 그중 네티즌이 9억 명. 이에 비교해서 미국은 네티즌이 2~3억 명에 불과해. AI가 학습할 수 있는 데이터량이 중국이 압도적 많으니까 인공지능 데이터 분야와 응용 분야는 미국이 중국을 따라잡을 수 없는 것 같다고 여기 기사에 나와 있네."

"아빠, 그러면 중국의 인공지능은 어느 정도나 발전되어 있어요?"

"알고 싶어?"

"네."

"그러면, 내일 비행기 안에서 말해 줄게. 호텔에 거의 온 것 같다."

"알았어요."

그렇게 우린 미국에서 마지막 밤을 보내게 되었어요. 이번 여행으로 골목대장이 인공지능에 많은 관심을 보이게 되어 다행입니다. 처음 미국 오기로 마음먹었을 때는 여행이 아닌 뭔가 배울 수 있는 시간이 되기를 바랐는데, 대만족이네요.

"아빠, 비행기 안에서 중국 이야기 해 준다면서요. 얼른 해 주세요."

"응. 골목대장, 중국의 상황을 보자. 중국의 땅 크기가 얼마나 큰지 아니?"

"어마어마하게 크죠."

"응. 남한의 96배 크기란다. 그래서 이런 말이 있어. 우리나라에서는 누군가에게 나쁜 짓을 하고 도망쳐도 살다보면 한 번은 마주칠 수 있대. 그런데 중국은 땅이 너무 넓어서 평생 만나지 못할 수도 있단다."

"정말요?"

"생각해 봐. 만약 어떤 사람이 죄를 짓고 도망간다면 그 사람을 찾을 수 있을까?"

"못 찾겠네요."

"그렇지. 못 잡을 확률이 높지. 그래서 중국에서는 CCTV를 설치했어."

"CCTV로 사람을 일일이 확인하려면 엄청 힘들겠어요. 혹시 CCTV에 인공지능이 들어가나요?"

"응. 안면 인식 시스템을 개발했어. 특히 중국 경찰을 공안이라고 하는데, 공안 당국이 운용하는 범죄 용의자 추적 시스템은 중국의 14억 전체 인구를 1초 만에 스캔할 수 있을 정도로 발전되었다네."

중국의 안면 인식 시스템

"그건 인권 침해 아니에요?"

"그럴 수도 있지. 유럽이나 미국은 중국의 용의자 추적 시스템에 대해 소극적이지. 그러면 다른 방향으로 생각해볼까? 전철을 타려는데 깜박 잊어버리고 지갑을 안 가져왔다면 어떻게 하지? 여기에 착안해서 중국은 안면 인식 시스템으로 내 얼굴 또는 내 홍채로 내 신분을 확인한 후 자신이 등록한 결제 시스템에서 결제하도록 하지."

"그러면, 지갑 없이도 다닐 수 있겠네요."

"그렇지."

"그럼 굉장히 편리하겠어요."

"골목대장, 그런데 이상하지 않아?"

"뭐가요?"

"범죄 용의자 추적 시스템은 인권 침해고, 전철의 안면 인식 시스템은 같은 기술인데 편한 기술이라고 하는 거 말이야."

"그러네요."

"이게 기술의 발전이 가져오는 딜레마* 중 하나야. 이렇게 발전된 기술을 어떻게 쓰느냐에 따라 결과가 달라지니까. 이런 부분에 대해서도 사회적인 약속과 동의가 필요하단다."

"참 힘드네요."

"그렇지. 기술의 발전도 좋지만 이런 사회적인 문제도 해결해야 하니까."

"한국에도 AI기술이 있는데, 이 동영상 한번 볼래?"

"저도 알아요. LG에서 만든 가상 인간 래아요."

"그래. 모션 캡처 작업과 딥 러닝 기술 그리고 자연어 학습 등을 통해 목소리를 입히고 움직임을 만들어냈지."

---

* 딜레마(dilemma) : 두 개의 판단 사이에서 어느 쪽도 결정할 수 없는 상태에 빠져 있는 것.

유럽의 인공지능

"그럼 아빠! 아까 유럽도 AI 강국이라고 하셨는데, 유럽에는 어떤 AI가 있어요?"

"그러게. 어떤 것들이 있을까? 어제 너무 피곤해서 중국만 찾았네. 어떡하지?"

"그럼 집에 가서 찾아보죠."

"아니 지금 찾아 보자."

"어떻게요? 비행기에서는 와이파이가 안 되잖아요."

"아니, 지금은 무선 와이파이 서비스가 돼. 좀 비싸지만. 내가 찾아볼게. 여기 기사가 있다. 유럽은 AIoT 분야가 발달되었네."

"AIoT가 뭐예요?"

"영어로 아티피셜 인텔리전스 오브 씽스*(Artificial Intelligence of Things)* 인데, 아티피셜 인텔리전스*(Artificial Intelligence)* 기억나니?"

"AI는 인공지능이란 뜻이잖아요."

"기억하는구나. AIoT는 쉽게 아티피셜 인텔리전스*(Artificial Intelligence)* 인 AI와 IoT*(Internet of Things)* 사물 인터넷 기술을 하나로 결합한 것이란다. 쉽게 말하면, 어떤 문제나 목표를 해결하기 위해 인공지능을 활용하는 기술이지. 예를 들면, 독일의 기업인 〈보쉬*(Bosch)*〉라는 회사는 건강 및 웰빙쪽에서 AIot 개발에 주력하고 있대. 코로나 19 PCR 검사 있지? 보건소에서 샘플을 채취하면 검사소 가서 검사를 한 후에 문자로 양성인지 음성인지 알려 주잖아."

"네."

"그런데 독일의 기업인 〈보쉬〉에서 PCR 검사를 위한 분석 디바이스와 검사 카트리지로 구성된 바이벌리틱*(Vivalytic)* 검사 디바이스를 개발했대. 95%의 정확도로 특별히 교육을 받지 않은 의료진조차도 테스트를 안정적으로 수행할 수 있고, 100개의 장치만 있으면 하루에 최대 1,000개의 테스트를 진행할 수 있다네. 그렇게 하면 보다 많은 의료진들이 환자들에게 집중할 수 있겠지."

세계 여러 나라의 인공지능

"대단하네요."

"또 룩셈부르크의 기업인 〈아이바 테크놀로지*(Aiva Technologies SARL)*〉에서는 작곡할 수 있는 인공지능인 아이바*(Aiva)*를 개발했대. 이 AI는 바흐, 베토벤, 모차르트 등 유명 작곡가의 오케스트라 총 6만 곡을 학습한 후 몇 시간 만에 곡을 완성했대."

"우리 이 아이바가 작곡한 곡을 들어 볼래?"

"들을 수 있어요?"

"아빠를 믿어보렴."

"여기 있다. 이 책을 읽는 친구들도 듣고 싶나요? 그렇다면 유튜브에서

《The Sorceress – AI Composed Fantasy Music by AIVA》을 검색해 보세요.”

"골목대장, 인공지능이 만든 곡을 들어 보니 어때?"

"정말 이것을 인공지능이 작곡한 거예요? 정말 웅장하고 멋있어요. 그러면 앞으로 인간 작곡가들도 없어지는 거예요? 제 친구는 작곡가가 되는 게 꿈이라고 했는데."

"글쎄, 미래의 일이라 나도 잘 모르겠지만, 우리가 들었던 곡을 인공지능이 작곡하긴 했는데 편곡은 사람이 했대. 사람이 하는 일이 완전히 사라지지는 않겠지."

4 인공지능과 함께 살아가기 위하여

AI가 할 수 없는 일도 있대요_ 84

인공지능은 사람하기 나름_ 88

인공지능과 함께 살아가기_ 91

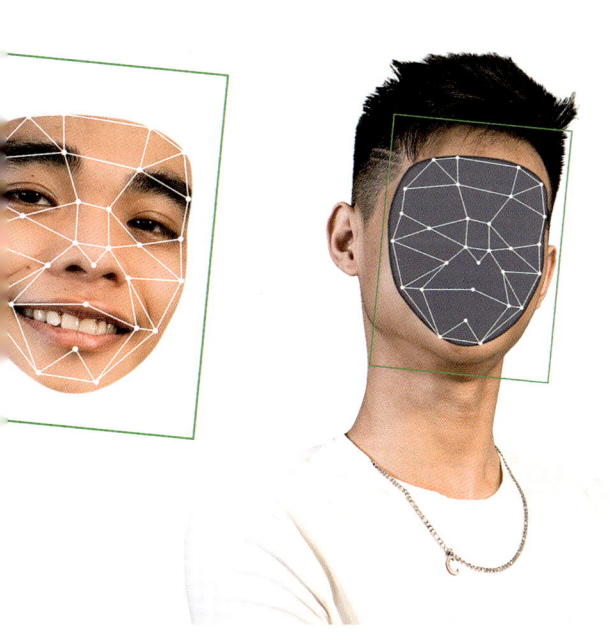

AI가 할 수 없는 일도 있대요

"앞으로는 인공지능이 못하는 일이 없겠어요."

"그래. 앞으로 인공지능이 할 수 있는 일들이 점점 많아지겠지. 그런데 말이야. 민재가 했던 말처럼 인공지능은 사람의 지능을 흉내낸 것에 불과하단다. 아직 사람의 지능을 넘어설 수는 없지. 물론 먼 미래에 가면 어떻게 될지 모르지만, 우리는 우리 자신도 아직 제대로 이해하지 못했단다. 앞으로 갈 길이 아주 멀지."

"그게 무슨 말이에요?"

"생각해 보자. 민재 오빠랑 사진을 고흐 풍의 스타일로 바꾼 AI 생각나지? 넌 그 AI와 화가 고흐 중에서 누가 더 대단하다고 생각하니?

"고흐요."

"왜 그렇게 생각해?"

"그런 스타일을 처음 만든 사람은 고흐였잖아요."

"그래, 바로 그거야. 고흐가 살던 시대의 전과 후로도 많은 화가들이 있었지만, 고흐를 가장 위대한 화가 중 한 사람으로 꼽는 이유는 그 만의 독특한 작품 세계를 만들었기 때문이란다."

"인공지능도 자신만의 작품 세계를 만들면 되지 않을까요?"

"이것이 사람과 기계의 차이야. 사람은 창조적인 일을 위한 자극을 주는 영감이라는 게 있지만, 인공지능은 단지 수많은 데이터를 가공할 뿐이지. 아직 인공지능은 사람들이 유용하게 사용하는 기계에 불과할 뿐이지. 창의적인 인간의 모습을 모방할 뿐이지, 창의적인 것을 새롭게 만들어 내지는 못한단다. 또 AI는 퍼즐 맞추기처럼 여러 정보 조각을 모아서 하나의 큰 정보를 만들어 내는 일, 이것을 어려운 말로 '종합적인 사고'라고 하는데 AI는 아직 종합적인 사고가 필요한 일을 잘 못하고 있어."

"그게 무슨 말이에요?"

"생각해 보자. 어떤 예를 들면 좋을까? 아, 저기 있다. 저기 멋지게 생긴 외국인이 있지."

"어디요?"

"우리 옆 칸 앞에서 두 번째 외국인."

"저기 책 보고 있는 사람이요?"

"그래 지금 옆 사람이랑 이야기하고 있는 사람."

"네. 찾았어요."

"우리는 우리 주변의 정보를 빠르게 스캔하지. 그런데 인공지능은 어떨까?"

"지금까지 배운 인공지능 기술이라면 쉽게 찾지 않겠어요? 중국의 안면 인식 시스템도 있잖아요."

"우선, 아빠의 이야기를 들어 봐. 아빠가 네게 외국인에 대해 설명한 말

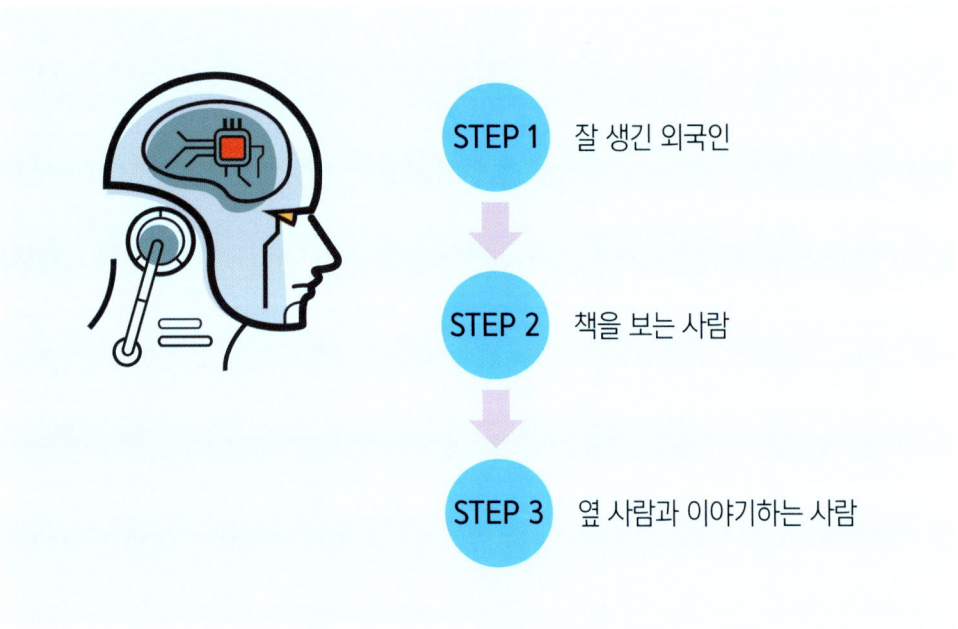

인공지능의 시각 정보 처리 순서

들 있잖아. 그것을 인공지능이 처리하기 위해서는 여러 가지 과정을 거쳐야 한단다. 첫 번째는 잘 생긴 외국인을 찾는 거지. 그런데 여기서 문제가 있어. '잘 생긴' 것의 기준이 무엇인지에 대한 시각 정보가 필요하지. 일단 그 정보의 처리가 우선되어야 해. 그 다음 책을 보는 사람 순서야. 책을 보는 사람의 시각 정보를 처리한 후, 세 번째로 옆 사람과 이야기하는 동작 정보를 처리해야 하지. 이렇게 새로운 상황들이 계속 등장하는 이것을 조금 어려운 말로 다양한 변수들이 생기는 사회적인 상황이라고도 하는데, 이런 상황에서 인간처럼 적절하고 빠르게 대응하는 AI를 만들기는 쉽지 않아. 일단 이러한 상황에 대한 예측이 불가능하니까."

"우리는 쉽게 할 수 있잖아요."

"물론 그렇지. 그리고 감정적인 일에 대응하는 경우도 그렇단다. AI는 단지 입력된 데이터만 가지고 판단하잖아. 그런데 사람은 여러 번 떨어졌던 시험에 가까스로 붙었을 때 기뻐서 울기도 하지. 사람은 이런 맥락*(사건의 관계)* 과 환경과 조건들이 서로 간에 갖게 되는 의미를 파악해서 대처하지만, 인공지능은 이런 맥락을 인지하지 못해서 적절하게 대응하지 못하지. 이처럼 창의적인 일, 사회적인 일, 감성적인 일에서 아직 인공지능은 많은 발전이 필요하단다."

인공지능은 사람하기 나름

"AI는 사람이 입력한 데이터를 가공해서 무언가를 만들기 때문에 사람이 어떤 데이터를 입력하는가가 중요한 문제가 되지."

"그게 무슨 말이에요?"

"음, 한 가지 예를 들어 볼게. 딥페이크*(Deepfake)*라는 인공지능을 기반으로 활용한 인간 이미지 합성 기술이야. 기존에 있던 인물의 얼굴이나 특정한 부위를 영화의 CG*(Computer Graphics : 컴퓨터 화상 처리)*처럼 합성한 영상 편집물을 총칭한단다. 지금의 기술로도 목소리부터 입 모양, 눈썹과 근육의 움

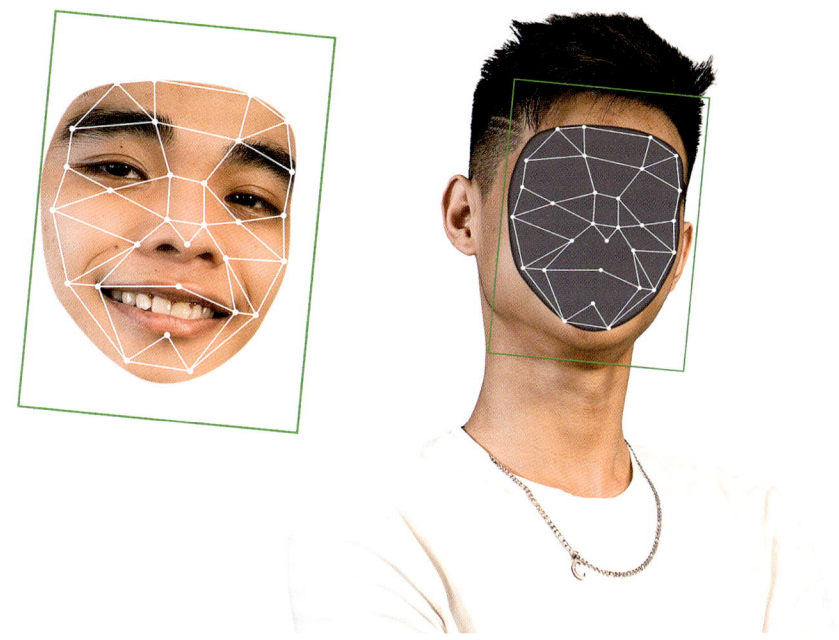

딥페이크를 이용한 이미지 합성 기술

직임까지 그대로 구현해 내지."

"그게 나쁜 거예요?"

"그건 아니지만, 어떻게 사용하느냐 하는 건 매우 중요한 문제가 돼. 골목대장도 '보이스 피싱'이라는 것 알지?"

"네, 보이스 피싱은 전화를 이용해서 사기를 치는 것 아니에요."

"응, 단지 목소리만으로도 거짓말을 해서 상대방의 돈을 빼앗아서 사회 문제가 되는데, 보이스 피싱에 딥페이크가 결합된다면 어떤 일이 생길까? 예를 들어, 카톡 영상으로 아빠 얼굴을 합성한 가짜 아빠가 골목대장에게 말한다면?"

"꼼짝 못하고 속겠죠."

"그래, 실제로 그런 나쁜 일들이 서서히 발생하고 있거든. 보이스 피싱은 개인에게 피해를 주지만, 이 딥페이크 영상은 정치인이나 기업을 공격할 목적으로 만들어지기 때문에 대중과 사회에 미칠 영향은 그야말로 엄청나지."

"그러면 안 되잖아요."

"물론이지."

기장이 대한민국 영공에 들어왔다고 기내 방송을 하고 있습니다.

"골목대장, 벌써 도착했네. 내릴 준비를 해야겠다."

"알았어요."

"이번 여행 어땠어?"

"꽤 재미있었고 생각할 거리가 많아졌어요."

"그래. 알찬 여행이 된 것 같네."

"착륙하려나 보다. 안전벨트 매라."

"네."

이렇게 딸과 함께하는 짧지만 행복한 여행이 끝났습니다.

인공지능과 함께 살아가기

골목대장과 이 책을 읽는 우리 친구 여러분.

재미있는 여행이 되었나요? 인공지능의 기술이 눈부시게 발전해 왔어요. 아마 앞으로 발전 속도는 더 빨라질 거예요. 그러면 인공지능과 함께 살아가기 위해 우리는 어떤 일을 해야 할까요?

선생님은 3가지를 추천하고 싶어요. 이 책을 읽는 친구들의 부모님들도 이 부분은 귀 기울여 주세요.

먼저 우리 주위에는 스마트폰, 컴퓨터 등 디지털 기기들이 참 많죠. 먼저 디지털 기기로부터 자유로워져야 해요. 미국 캘리포니아의 첨단기술 연구단지인 실리콘밸리는 IT기술로 유명한 지역이죠. 이곳의 유명 사립학교에는 IT기기가 가득할 것 같지만 우리의 생각과는 다르게 단 한 개도 없대요.

애플사의 스티브 잡스는 자녀들에게 아이폰과 아이패드 같은 IT 기기를 전혀 주지 않은 것으로 유명하죠. 이렇게 IT를 잘 아시는 분들은 자녀들에게 디지털을 차단하고 아날로그를 추구하는 문화를 가지도록 하고 있답니다.

왜 그럴까요? IT 기기를 차단할 줄 아는 사람들만이 IT 기기를 접촉할 시간에 독서와 사색을 하고 예술과 자연을 접하고 다른 사람들과 진실하게 교류하면서 자기 안의 인간성과 창조성을 발견하고 강화해 갈 수 있기 때문이지요. IT 기술보다 더 중요한 것은 바로 창조력이기 때문입니다.

그렇다면 창조력을 가지기 위해서는 어떻게 해야 할까요?

'노잉*(Knowing)*'을 버리고, '두잉*(doing)*'을 해야 합니다. 2,356,789 곱하기 89,456,123은 무엇일까요? 아니면 789,456 나누기 85는 무엇일까요? 우리가 직접 계산하기는 힘들죠. 하지만 계산기는 1초면 할 수 있어요. 앞으로 인공지능은 대중화될 겁니다. 인공지능 개발 비용은 점점 저렴해질 것이고, 그 결과 인공지능의 능력도 폭발적으로 향상될 겁니다.

노잉*(Knowing)*은 우리가 아는 지식입니다. 그러면 과연 인공지능이 가지는 지식을 우리가 따라잡을 수 있을까요? 아니겠죠. 과연 우리가 해야 할 일은 무엇일까요? 바로 인공지능이 가진 무한한 지식을 활용하는 능력입니다. 그런 능력 중 하나가 바로 '두잉*(doing)*'입니다.

두잉은 공감 능력이라고 하는데, 다른 사람의 생각과 감정을 그 사람의 입장에서 느끼고 이해할 줄 알고 이를 행동으로 옮기는 능력이죠. 생각해 보세요. 아프리카에는 지금도 굶주림으로 자신의 꿈을 꾸기는 커녕 내일의 삶도 기약할 수 없는 친구들이 있어요. 우리가 그들의 마음을 이해한다면 우리의 인공지능 기술을 활용해서 사막에서도 잘 자라는 식물을 키우기 위한 기술을 개발할 수 있겠죠. 이렇게 기존에 없던 것을 새로 만들어내거나 기존에 있던 것에 혁신을 일으키는 이런 창조적 상상력은 공감 능력을 통해 발휘된답니다.

다음으로 생각의 전환을 해야 합니다. 생각의 전환을 '디자인 씽킹*(Design Thinking)*'이라고 하는데, 이 디자인 씽킹이란 '명확하게 정리되지 않은 사용자의 니즈*(needs)*, 즉 필요를 이해하고, 이를 해결할 수 있는 기회를 찾아내기 위해 공감적 태도*(mindset)*를 활용하는 문제 해결의 한 방법'을 말합니다.

디자인 씽킹에는 5가지 단계가 있습니다.

1. 공감하기
2. 문제를 새롭게 정의하기

3. 문제 해결을 위한 아이디어 내기

4. 제품 만들기

4. 시험하고 검증하기

예를 들어, 아프리카 친구들을 위한 디자인 씽킹을 해 볼까요?

1단계 '공감하기'예요. 아프리카 친구들에 대해 관찰이나 대화 체험 등을 통해서 그 친구들의 어려움을 이해하고 깨닫는 거예요.

2단계 '문제를 새롭게 정의하기'는 '공감하기'를 통해서 이해하고 깨달은 아프리카 친구들의 입장에서 문제를 바라보고 정의하는 행동이에요.

3단계 '문제 해결을 위한 아이디어 내기'는 말 그대로 문제를 해결하기 위한 아이디어를 생각하고 만드는 과정을 의미하죠.

4단계는 생각한 아이디어로 무언가를 만들어 내는 거죠. 마지막 단계는 우리가 만든 것이 정확히 작동하는지 점검하는 거예요

엄마, 아빠, 보세요!

내 자녀가 미래에 AI와 관련된 일을 하기 위한 준비
(직업 전망, 대학 학과의 종류, 진학을 위한 사전 준비)

컴퓨터 전문 미디어 〈오라일리(O'Reilly)〉가 인공지능과 데이터 관련 종사자(미국 2,778명, 영국 284명)를 대상으로 설문 조사한 보고서에 따르면, AI 전문가의 평균 연봉은 14만 6,000달러(약 1억 7천만 원)로 나타났습니다. 또한 제4차 산업혁명 시대에 살아남을 직군으로는 인공지능(AI) 전문가, 로봇 공학자를

꼽고 있습니다. 이것만으로도 인공지능의 전망은 밝아 보입니다.

우리 자녀들이 인공지능을 자신의 직업으로 삼는다면 어떨까요? 그러기 위해서 어떻게 해야 할까요? 저는 과감하게 지금 IT 기기에서 손을 떼고 독서와 사색을 하는 시간을 늘려보게 하라고 말씀드리고 싶습니다.

IT 기기와 접촉하는 대신에 독서와 사색을 하고 예술과 자연을 접하고 다른 사람들과 진실하게 교류하면서 자기 안의 인간성과 창조성을 발견하고 강화해갈 수 있기 때문이죠. IT기술보다 더 중요한 것은 바로 창조력이기 때문입니다. 이것 또한 아이러니하게 IT 기술의 발달 때문입니다.

예를 들어 볼게요. 지금으로부터 10년 전만 해도 홈페이지를 하나를 만들기 위해서는 HTML*(Hypertext Markup Language)*이라는 언어를 배워야 했죠. 하지만 지금은 크리에이터 링크*(Creator Link)*라는 기술을 활용하면 HTML이라는 언어를 몰라도 쉽게 만들 수 있답니다. 과거에는 홈페이지를 만들기 위해서 전문 기술자들이 필요했지만 지금은 아니죠. 앞으로는 더욱 그럴 거예요. 지금도 인공지능이 코딩까지 할 수 있으니까요.

그럼 IT 기술보다 더 필요한 건 무엇일까요? 바로 창의성입니다. 멋진 홈페이지를 만들기 위해서는 과거에는 얼마나 고급 코딩 언어를 사용하느냐 하는 것이 중요했지만, 지금은 얼마나 창의적인 아이디어를 홈페이지에 적용하느냐로 변화하였습니다.

지금 우리 아이들에게는 IT 기술 그 자체보다는 창의력과 공감 능력이

더 필요하다는 거죠. 그러기 위해서는 바로 IT 기기를 내려놓는 힘과 독서, 사색 자연과 함께하는 힘을 길러주어야 합니다.

앞으로 인공지능 분야로 진출하기 위해서는 다음과 같은 대학의 코스를 밟을 수 있습니다.

중앙대 AI학과, 서울시립대 인공지능학과, 숭실대 AI융합학부, 전남대 인공지능학부, 충남대 인공지능학과를 포함해 가톨릭대, 건양대, 경기대, 고려대, 공주대, 광주여대, 나사렛대, 대전대, 동명대, 동아대, 서울과학기술대, 선문대, 성신여대, 세종대, 세한대, 신라대, 영산대, 용인대, 울산대, 인제대, 전주대, 청운대, 한림대, 한양대, 호서대 등에 AI관련 학과가 개설되어 있습니다. 2022년부터 첫 신입생을 받은 경희대, 동국대, 연세대, 이화여대, 국민대에 인공지능학과 또는 AI융합학부가 생겼답니다.

아마 앞으로 학과나 학부는 더 많이 생겨날 겁니다. 이런 곳에서 공부하는 것도 중요하지만, AI 선진국에서 공부하는 것이 어쩌면 더 경쟁력이 클 수도 있죠. 그런데 AI 선진국은 대부분 영어권 나라입니다. 컴퓨터 프로그램 언어도 영어가 기반이죠. AI 선진국에 가서 새로운 기술을 보고 느끼기 위해서 외국어 공부 특히 영어 공부는 필수겠죠.

인공지능 학과에서 요구하는 입학생 자질은 무엇일까요?

1. 첨단 정보 시대를 이끌어갈 창의적인 컴퓨터 활용 능력 및 기초 수학 능력을 갖춘 학생
2. 창의적인 발상력과 새로운 분야에 대한 호기심을 가지고 있는 학생
3. 공학 및 과학의 기초 지식을 바탕으로 한 논리력과 창의력을 갖춘 학생
4. 기계 및 컴퓨터에 흥미와 관심이 있는 학생

이런 능력이 있다면 앞으로 한국의 인공지능 산업을 이끌고 갈 인재가 될 수 있습니다. 물고기가 아니라 고기를 낚는 법을 가르치라는 말처럼 지금 우리의 환경과 아주 다른 미래에서 살게 될 우리 자녀들을 위해 지금 당장 필요한 물고기를 주지 말고 미래에 고기 낚는 법을 가르쳐 주는 데 힘쓰세요. 물론 당장은 힘들고 어려운 일이겠지만, 지금 하고 있는 노력이 미래 시대를 살아갈 아이들의 무기가 되어줄 겁니다.

독후 심화 활동

연관성 찾기

다음 중에서 관련이 깊은 것끼리 연결해 보세요.

스티브 잡스

아이비엠 왓슨

알파고

딥 블루

게리 카스파로프

아이폰

제퍼디 쇼

이세돌 9단

빈 칸 채우기

다음 문장의 빈 칸에 알맞은 단어를 넣으세요.

1. _____은 증기기관을 대표로 하는 기계의 혁명이라고 말할 수 있다. 그때 영국 사람들은 자신의 일자리를 기계에 빼앗기자 불안한 마음에 러다이트 운동이라는 공장의 기계를 파괴하는 행동을 했다. 그 사람들은 기계를 없애면 자신들은 일자리를 잃지 않고 계속 일할 수 있을 거라고 생각했던 것이다.

2. 자율 주행의 핵심 기술인 _____는 고출력 레이저 펄스를 발사해 레이저가 목표물에 맞고 되돌아오는 시간을 측정함으로써 사물 간의 거리와 형태를 파악한다.
_____는 동일한 방식으로 작동하지만, 레이저 대신 전파를 이용한다는 점에서 차이가 난다. 전파를 발사해 물체에 맞고 되돌아오는 데이터로 물체의 거리, 속도, 방향 등의 정보를 파악한다. 이 센서를 이용하면 길에 다니는 강아지와 고양이를 피해갈 수도 있다.

3. _____이란 가전제품을 비롯하여 집 안에서 사용하는 모든 장치를 네트워크로 연결해 제어 및 조절하게끔 하는 기술이다. 이는 TV, 에어컨, 냉장고 등 가전제품을 비롯해 수도, 전기, 냉·난방기, 도어록, 감시카메라 등 다양한 분야의 기기를 통신망으로 연결해 모니터링하고 제어할 수 있는 기술이다.

4. 지금까지는 고객들이 문의를 하면 상담원이 전화로 해결해 주었는데, 이제는 인공지능이 채팅을 통해 해주는 것이 바로 _____이다. 다양한 사람들이 다양한 방식으로 질문을 하더라도 고객이 원하는 것이 무엇인지 파악해서 대답을 한다. 이것을 가능하게 하는 기술이 바로 딥러닝을 이용한 자연어 처리 기술이다.

5. 과학자들은 연구를 통해 어린아이들이 강아지와 고양이를 구별하기 위해서 우리 뇌의 신경망 시스템을 활용한다는 사실을 알게 되었다. 그리고 인공지능에 인공 신경망 시스템을 만들어 내게 되었는데, 이것이 바로 _____이라는 기술이다. 많은 수의 강아지 사진과 고양이 사진을 보여 주고 꾸준하게 학습을 시킴으로써, 이전까지는 구체화하기 어려운 부분도 인공지능 스스로 학습을 통해 알게 되었다.

6. 스마트 쇼핑을 활용한 무인 편의점의 대표적인 것이 아마존의 _____이다 우리나라의 무인 편의점은 물건을 고른 후 내가 직접 바코드를 찍고 계산하는 방식이다. 하지만 _____는 사고 싶은 물건들을 카트에 담아 나오면 자율 주행차에 활용되는 기술과 유사한 컴퓨터 비전, 센서 융합, 딥러닝 등의 기술을 활용해 카트에 담은 물건을 확인하고, 자동 결제 기술을 활용하여 쇼핑 후 상점을 나가면 모바일앱을 통해 영수증을 발행하고, 아마존 계정에 청구되는 방식으로 지불하게 해준다.

생각해 보기

1. 일상생활과 우리 주변에서 흔히 접할 수 있는 인공지능(AI)에는 어떤 것이 있는지 나열해 보세요.

　

2. 내가 가장 좋아하는 또는 자주 사용하는 인공지능은 어떤 것인지 적고, 그 이유는 말해 보세요.

　

3. 인공지능으로 인해 피해를 입거나 오히려 사회에 해가 되는 경우는 어떤 것들이 있는지 나열해 보세요.

4. 앞으로의 미래 사회에서 각광받을 직업에는 어떤 것들이 있는지 적고, 그 이유를 말해 보세요.

5. 앞으로 인공지능이 더욱 더 발달한 미래 사회에서 생존하기 위해 여러분은 무엇을 해야 하는지 적어 보세요.